OBSERVATIONS

SUR

LA MÉTHODE DANS L'ENSEIGNEMENT

DU DROIT EN GÉNÉRAL
DU DROIT ROMAIN EN PARTICULIER
ET SUR LES RÉFORMES ADOPTÉES EN 1889

Jamais, autant qu'aujourd'hui, on ne s'est préoccupé des questions d'enseignement supérieur, et en particulier des perfectionnements à introduire dans l'enseignement du droit.

A la puissante impulsion venue d'en haut ont répondu, dans nos Facultés, l'ardeur enthousiaste de plusieurs, la prudente adhésion d'un grand nombre, la bonne volonté de tous. Aucun n'a pu se défendre d'une admiration sincère et d'une vive reconnaissance pour le zèle infatigable et les vues élevées de ces hommes éminents qui attacheront leur nom à l'œuvre glorieuse de la résurrection des Universités françaises.

On ne saurait trop louer la méthode prudente employée par le ministère pour s'éclairer sur le fort et le faible des réformes proposées, ces enquêtes approfondies dans lesquelles les Facultés consultées viennent apporter le résultat de mûres délibérations. En haut lieu on ne recherche que la lumière, on pratique le sage conseil de celui qu'on appelait, dans une langue aujourd'hui démodée, le législateur du Parnasse :

> Aimez qu'on vous conseille et non pas qu'on vous loue.

A côté de ces avis, d'une autorité si imposante, émis par les Facultés, il y aurait présomption à vouloir mettre dans la balance le poids négligeable d'opinions personnelles. Aussi n'est-ce pas ce que l'on veut tenter ici. Mais, dans les comptes rendus officiels de nos délibérations, la place manque pour donner aux motifs qui ont déterminé nos votes un développement souvent nécessaire. C'est ici que les études individuelles peuvent trouver leur place, et l'exemple donné par plusieurs d'entre nous dans des articles dont les lecteurs de cette Revue n'ont point perdu le souvenir (1), nous encourage, dans une certaine mesure, à ajouter quelques réflexions au sujet de la tendance des réformes proposées ou accomplies. Nous disons : « dans une certaine mesure », car la valeur même de ces articles, la profondeur des idées, l'éclat du style, tout cela serait bien fait pour décourager ceux qui, tout en sentant qu'il y a quelque chose à ajouter, craignent par-dessus tout de gâter par leur insuffisance la cause en laquelle ils ont foi. Si dix-huit années consacrées à l'enseignement de diverses parties du droit, tant à l'étranger qu'en France, peuvent mûrir les idées — il faut du moins l'espérer — elles n'assurent pas le talent de persuader. Ce que nous allons dire, beaucoup le pensent et le diraient mieux. Le plus souvent d'ailleurs il s'agit de vérités que l'on n'a pas besoin de rappeler entre juristes. Mais, si banales qu'elles soient devenues parmi nous, il importe de les répéter devant le grand public moins familiarisé avec elles; cela importe d'autant plus que le droit jouit d'un triste privilège : il n'est peut-être pas d'enseignement contre lequel on voie régner, même chez des personnes fort instruites, des préjugés plus étranges et plus nombreux (2).

Les uns, confondant le droit avec la chicane, y verraient volontiers l'art d'embrouiller les choses simples: quand ils parlent du droit romain, par exemple, ils disent : « Ils devaient être bien processifs, ces Romains, pour avoir laissé un droit si fameux ! » Mais, de ce que la médecine brille aujourd'hui d'un vif éclat, la postérité devra-t-elle conclure que les hommes du XIXe siècle devaient être bien malades? Le droit est à la chicane ce qu'est la médecine à la maladie: l'un est fait pour prévenir ou guérir l'autre. Sans doute il peut arriver qu'une loi mal faite, un juge malhabile compliquent les choses; mais les médecins n'ont-ils jamais aggravé les maux qu'ils avaient mission de guérir? Encore le médecin aurait-il pu laisser agir la nature; le juriste, lui, ne saurait s'abstenir, car on aboutirait alors à la pire de toutes les solutions, au règne de la force.

D'autres s'écrient: « Le droit n'est pas une science, ou du moins pas une science comparable aux autres : on y est lié par des textes! » On pourrait répondre : « Ni la physiologie non plus, on y est lié par l'organisme! »

Dans notre science, comme dans les autres, on n'invente rien,

(1) Par exemple ceux de MM. Cuq, Lyon-Caen, Turgeon, Saleilles, Moreau, Duguit, etc.

(2) Voy. E. Garçon, *Discours de rentrée*. Lille, 5 déc. 1888.

on trouve, et M. Saleilles, dans son article récent (1), a montré quelles trouvailles on pouvait faire encore dans le domaine pourtant si exploré du Code civil. De nouveaux besoins se font jour; sous l'influence des causes infiniment variées qui modifient l'état social, de nouvelles relations juridiques se forment. Ce n'est pas tout. Nombre de faits contenant le germe de lois sociales très importantes passent inaperçus à nos yeux trop familiarisés avec eux pour en apprécier la portée. Bien d'autres avant Archimède avaient senti combien les corps deviennent légers dans l'eau, et tout le monde avant Newton avait vu le fruit se détacher de l'arbre, sans discerner les lois générales dont ces phénomènes vulgaires étaient l'application. Il en est de même dans le droit. A un œil peu exercé, il ne présente qu'un ensemble de règles plus ou moins contingentes ou arbitraires, on ne distingue que le fait, le phénomène, et l'on passe sans s'y intéresser. A l'œil plus exercé le droit apparaît comme un ensemble logique d'institutions exprimant les rapports nécessaires des hommes entre eux et constituant un véritable organisme, tout à fait analogue à ceux qu'étudie la physiologie.

On pourrait multiplier les exemples de ces préjugés contre le droit. Les plus dangereux se rencontrent naturellement chez ceux qui, égarés par quelques études superficielles, se croient parfaitement renseignés.

Tous ces motifs nous ont décidé à présenter ici quelques observations sur l'enseignement du droit et ses méthodes, en particulier sur celles qui permettent de tirer le plus de fruit de l'étude du droit romain. Si imparfaites et incomplètes que puissent être les réflexions qui vont suivre, elles auront peut-être, à raison de cette imperfection même, un heureux effet, celui de forcer quelqu'un de nos maîtres ou de nos collègues, fâché de voir une si bonne cause si faiblement défendue, prendre la parole et montrer comment il fallait la plaider.

I

La tendance générale des réformes proposées ou accomplies dans les Facultés de droit, c'est d'y introduire un certain nombre d'enseignements nouveaux et de leur faire une place en réduisant le temps donné aux enseignements qu'on désignerait très exactement par l'épithète de *classiques*.

Ne pouvons-nous pas ici profiter de l'expérience acquise dans

(1) *Quelques mots sur le rôle de la méthode historique dans l'enseignement du droit* (*Revue internationale de l'enseignement*, 1890, p. 482 et suiv.).

un autre ordre d'enseignement, celui des lycées; ne devons-nous point prendre garde de tomber dans la faute commise il y a dix ans pour l'enseignement secondaire, et que signalait récemment un penseur profond, écrivain d'un grand charme (1) :

« L'enseignement supérieur a réalisé depuis dix ans de magnifiques progrès, mais il va rester en l'air, suspendu trop haut par suite de l'affaissement, de la ruine de l'enseignement secondaire. Voilà le désastre, et il est grand. En matière d'enseignement secondaire nous avons commis de lourdes fautes dont nos enfants portent la peine.

« Dans notre zèle étourdi, nous avons voulu leur apprendre tout et nous avons oublié de leur apprendre à penser. *Nous nous sommes efforcés de leur donner toutes les connaissances qui ne sont rien, sans leur donner la méthode qui est tout.* »

En effet, dans tout enseignement, et particulièrement dans l'enseignement supérieur, ce que l'on doit surtout s'efforcer d'inculquer, ce sont des méthodes plutôt que des connaissances. « L'enseignement supérieur, disait M. Lavisse (2), c'est, en fin de compte, une méthode; son objet suprême est d'élever les esprits au-dessus des connaissances de détail et de les rendre capables de cette haute dignité, qui est la faculté de juger par soi-même et de produire des idées personnelles. » Les connaissances s'appellent légion, leur dénombrement effraie l'imagination, et sur le moindre détail on a écrit des volumes. La mémoire, très vite surchargée, devient bientôt un vrai tonneau des Danaïdes à travers lequel coule, sans laisser de trace, tout ce qu'on prétend y loger. Au contraire les méthodes demeurent, parce qu'elles constituent des habitudes d'esprit, des aptitudes développées, un instrument bien en main qui, loin de s'émousser, s'affine et se perfectionne par l'usage. Les professeurs ne sont point des dictionnaires, mais des éducateurs et des guides, faits pour enseigner les méthodes et semer les idées fécondes dont les connaissances seront le fruit. Dans les Facultés de droit comme dans bien d'autres milieux scientifiques, on répète que l'intelligence est un outil à aiguiser et non pas un sac à remplir. Ce n'est donc pas en multipliant outre mesure les enseignements, les spécialités, qu'on fera des progrès, mais bien plutôt en perfectionnant les méthodes, ou, pour mieux dire, en s'abstenant d'en gêner le perfectionnement naturel, comme on l'a fait jusqu'ici par l'abus de la réglementation, le fétichisme de l'uniformité et l'étroitesse des programmes.

(1) Anatole France, *le Temps* du 30 mars 1890.
(2) Cité par A. France, *le Temps* du 29 juin 1890.

Mais n'anticipons point sur ce que nous aurons à dire plus loin à ce sujet.

Des enseignements nouveaux ne doivent figurer, dans notre cadre déjà bien rempli, que dans la mesure où ils feraient pénétrer chez nous des méthodes nouvelles.

Quant à l'introduction de méthodes nouvelles il y a deux remarques à faire. D'une part — nous essaierons de le montrer tout à l'heure — l'enseignement du droit tel qu'il est donné aujourd'hui, même celui du droit privé, fait appel à une bien plus grande variété de méthodes qu'on ne le croit généralement; d'autre part, parmi les nouvelles matières que l'on voudrait voir étudier chez nous, beaucoup ne seraient vraiment à leur place que dans des écoles d'application. Ainsi la législation, ou plutôt les législations coloniales, une portion importante du droit international public, de la législation financière, industrielle, du droit administratif proprement dit, dans l'infinie variété de ses détails, tout le côté purement réglementaire de ces diverses sciences, voilà ce que nous appellerons les *connaissances*, les spécialités.

Au contraire, l'économie sociale, par exemple, se relie intimement au cours d'économie politique; l'économie coloniale en dépend aussi comme annexe. — De même les principes généraux du droit international public rentrent évidemment dans le cadre naturel de notre enseignement; mais la législation des consulats, l'étude détaillée des traités en vigueur, voilà le côté spécial aux carrières diplomatiques, le côté professionnel qui ne saurait être de notre ressort. Cela ne veut pas dire qu'un professeur de droit des gens ne saurait être chargé ailleurs de cet enseignement. Sans insister davantage sur ces idées, bornons-nous à citer un exemple pour préciser notre pensée. Qu'une école de notariat soit établie à côté de notre Faculté, que plusieurs de nos collègues soient appelés à y professer, rien de mieux. Mais un cours de notariat ne rentre pas dans le cadre de l'enseignement qui doit être donné dans les Facultés de droit : ce sont là des spécialités, des connaissances, ce ne sont plus des méthodes.

Dans tout enseignement ce sont les méthodes qui importent, disons-nous, et si cela est vrai en général, à combien plus forte raison ne doit-on pas le dire des enseignements qui n'ont pas un caractère exclusivement professionnel. Tel est celui des Facultés de droit, qu'il faut bien se garder d'assimiler sur ce point aux Facultés de médecine. Leur rôle est bien différent. Sauf des exceptions très rares, tous les élèves des Facultés de médecine étudient pour exercer l'art de guérir, pour en faire leur profession. Parmi les étudiants en droit au contraire, un nombre beaucoup plus restreint qu'on ne le croit d'ordinaire se retrouve plus tard dans la magistrature, au barreau, ou dans les autres professions des *gens de loi*. Beaucoup entrent dans les diverses administrations, un grand nombre ne s'inscriront au barreau que pour la forme, ils apprennent le droit pour mieux gérer leurs intérêts privés, pour se rendre plus aptes à remplir des mandats électifs : on sait combien il y a de licenciés en droit à la Chambre et au Sénat. Un certain nombre enfin font leur droit pour faire quelque chose, comme complément d'éducation. Dans la banque, l'industrie et même le commerce, on rencontre d'anciens élèves de nos Facultés.

A ce point de vue, aucune institution ne présente un caractère plus polytechnique qu'une Faculté de droit. A l'École polytechnique, où l'on apprend les sciences en général, où l'on approfondit leurs méthodes, succèdent les Écoles d'application où l'on se spécialise : l'on y étudie les mines, les fortifications, les télégraphes, l'artillerie, etc., etc. De même que tout cela ne peut ni ne doit figurer dans l'enseignement de l'École polytechnique, de même les multiples applications du droit ne sauraient rentrer dans notre cadre sans le faire éclater et sans dénaturer le caractère de nos Facultés. On a dit de l'Université qu'elle mène à tout... pourvu qu'on en sorte; on pourrait aussi dire du droit qu'il mène à tout... souvent même sans en sortir.

En présence de cette extrême variété de débouchés, on comprend qu'on ne puisse songer un seul instant à enseigner chez nous toutes les connaissances nécessaires dans les carrières si diverses et si nombreuses que peuvent embrasser nos élèves; il faut donc se borner à l'essentiel. Or, l'essentiel, c'est la méthode!

Même en se plaçant à un point de vue étroitement professionnel, pour le futur avocat, le futur magistrat, c'est encore la méthode qui importe et non la multiplicité des connaissances. Seule la méthode lui permettra de résoudre correctement les questions de droit qui se posent aujourd'hui au Palais tout aussi fréquemment qu'autrefois.

Mais ici, pour éviter tout malentendu, il faut ouvrir une parenthèse.

On dit souvent qu'aujourd'hui on ne plaide plus le droit, qu'au Palais on ne discute plus que le fait.

Il faut s'entendre!

Autrefois, ce qu'on appelait *plaider le droit*, c'était montrer que la loi applicable à l'espèce devait s'interpréter dans tel ou tel sens. Beaucoup de ces questions-là sont résolues maintenant, et nous aurions tort, ce me semble, de nous y attacher.

En ce sens-là, on ne plaide plus le droit!

Mais, sans parler des questions nouvelles qui surgissent tous les jours et dont l'École s'occupera plus utilement que de certaines controverses vieillies, ce qui se discute et se discutera toujours devant les tribunaux, c'est la question de savoir, *non pas quel est le sens de la loi, mais quelle est la loi applicable*. Parmi les circonstances, toujours très complexes, d'un procès, quel est le fait décisif, celui qui rend l'affaire justiciable de tel ou tel principe juridique? On appelle cela *plaider le fait*, mais en vérité c'est toujours une question de droit qui s'agite, c'est le droit qui enseigne à analyser un acte en ses éléments essentiels, de manière à en éliminer tout ce qui ne saurait avoir d'influence sur la solution, à en dégager les caractères juridiques et à le faire rentrer dans le cadre légal. Ce sont là des questions de droit, et de l'espèce la plus difficile.

En ce sens-là on plaidera toujours le droit. Eh bien! pour trancher ces difficultés, que faut-il? Est-ce une connaissance détaillée des lois, des règlements, des arrêts? Mais les dictionnaires, les répertoires sont là pour vous renseigner en un clin d'œil sur la législation en vigueur. Ce qu'il faut, c'est l'esprit juridique, c'est-à-dire la méthode, la méthode *qui est tout*.

Quelle est donc cette méthode que nous devons inculquer à nos élèves, moins par un exposé théorique de ses procédés que par leur application à toutes les branches de notre science? Cette méthode, quand elle est devenue partie intime de l'intelligence, quand elle est passée à l'état d'instinct, s'appelle *l'esprit juridique*.

Les personnes qui n'ont pas fait du droit une étude spéciale se font parfois une idée, non pas tout à fait inexacte, mais certainement très incomplète, des méthodes que nous pratiquons. Elles se figurent volontiers que la déduction y est tout, qu'il s'agit seulement de tirer des conséquences logiques de principes fixés par des textes, et que le droit consiste uniquement dans l'art d'appliquer aux faits concrets de la vie sociale des règles abstraites, précisées d'avance dans des formules légales. On assimile ainsi complètement la méthode juridique à celle des géomètres. Les deux procédés diffèrent pourtant profondément, et cela à deux points de vue. D'abord la méthode déductive des juristes n'est pas identique à celle des mathématiciens; en second lieu le juriste doit recourir très souvent à l'observation et à l'induction. Les géomètres partent d'un axiome, et, à la seule condition de raisonner rigoureusement, ils peuvent en tirer des conséquences à l'infini, sans craindre d'arriver à de faux résultats. Pour le jurisconsulte au contraire, la logique n'est pas tout, par la raison bien simple que les principes ou les textes, bases du raisonnement, ne peuvent avoir la précision, la certitude et la simplicité des axiomes mathématiques. Le point de départ nécessairement imparfait, incomplet, loin de constituer une vérité absolue, n'est qu'une donnée approximative ; l'erreur, peut-être négligeable au début, se multipliant dans le cours des opérations, faussera le résultat. Donc, de ce qu'une conséquence est logiquement tirée du principe, il ne s'ensuit pas nécessairement qu'elle soit juste ; dès lors l'instrument logique est loin de suffire. Il faut tout d'abord que la conséquence déduite d'un principe ne vienne se heurter ni à un autre principe, ni à ses conséquences reconnues exactes ; qu'elle ne soit pas non plus inconciliable avec les nécessités pratiques de la vie ou avec une évidente équité, toutes choses que le législateur n'a pas pu vouloir méconnaître ; il faut surtout qu'elle ne se mette pas en contradiction avec les motifs qui ont dicté le principe, avec le but à atteindre, en un mot, avec ce que nous appelons l'esprit de la loi.

Pour découvrir cet esprit, c'est aux procédés d'induction qu'il faut avoir recours. On étudiera l'ensemble des préceptes réglementant l'institution, et de cet ensemble on cherchera à dégager la tendance générale. L'histoire aussi nous révèle le but poursuivi en nous montrant les inconvénients d'où sont sorties les réformes ; car toute institution juridique a pour but de prévenir ou de réparer une injustice. A un autre point de vue encore l'induction domine la science juridique. La plupart du temps les décisions législatives se bornent à régler des cas concrets, c'est même bien souvent la meilleure manière de légiférer, parce qu'aucun législateur, si habile soit-il, ne peut calculer d'avance la portée des prescriptions qu'il édicte sous forme de règles abstraites. A chacun son métier : au pouvoir législatif le soin de résoudre les problèmes concrets ; à la science la tâche de grouper ces solutions particulières, d'en opérer la synthèse et de dégager le principe latent qui les a dictées. En effet, les décisions législatives sont le fruit des aspirations plus instinctives que réfléchies des sociétés humaines ; la volonté générale qui éprouve vaguement ces tendances n'est presque jamais capable d'en trouver la formule précise : ce sera l'œuvre de la science.

Le droit se forme aussi tous les jours par la jurisprudence, et pourtant les jugements qui la constituent ne peuvent résoudre que des cas concrets. Cependant, il est arrivé à chacun d'entre nous de construire une théorie avec des arrêts; ce n'est pas que l'on trouve toujours dans ces décisions le motif vrai, la raison profonde qui les a inspirées, mais de leur rapprochement jaillit une lumière. Affranchi des éléments accidentels propres à chaque cas, le principe se dégage dans sa simplicité et sa netteté. Comme dans les sciences physiques, la méthode d'observation intervient pour réunir les faits et en tirer par induction la loi qui les régit.

Ainsi, loin de se restreindre à des procédés de dialectique, le droit emploie tour à tour les méthodes les plus diverses qu'il emprunte à toutes les sciences; loin d'atrophier certaines facultés de l'intelligence, il les développe toutes, il maintient entre elles un heureux équilibre et forme enfin ces esprits largement ouverts, judicieux, bien pondérés, qui sortent en grand nombre de nos Facultés. Il est d'ailleurs un signe particulier auquel on reconnaît les esprits formés à cette école; précisément à cause de la variété des méthodes qu'ils ont vu appliquer, ils sont, moins que d'autres, exclusifs, moins entichés de leur spécialité, moins portés à rabaisser les autres branches des connaissances humaines, et il me semble que, parmi les diverses Facultés, la Faculté de droit est celle qui apprécie le plus profondément l'importance et le mérite de ses sœurs. C'est que ni la rigoureuse logique des sciences exactes, ni l'observation patiente et la puissante induction des sciences naturelles, ni les règles ingénieuses de la critique historique, ni l'étude approfondie de l'homme moral, de ses aspirations vers le bien ou de ses passions mauvaises, ni la connaissance de ses besoins sociaux et des conditions qui assurent son bien-être, rien de tout cela ne peut être étranger au jurisconsulte; ce serait se tromper gravement que de ne voir en lui qu'un dialecticien exercé. Qui de nous refuserait son adhésion au programme tracé dans cette Revue même par la plume élégante de M. Turgeon :

« Dégager les principes sans oublier les textes, allier le point de vue pratique au point de vue théorique, associer l'histoire au commentaire, la critique à l'exégèse, la philosophie à l'application, la science à l'art, le droit à la loi. »

C'est dans cette voie qu'il faut marcher, nous en sommes convaincus; mais il est juste d'ajouter qu'on y était entré depuis assez longtemps, discrètement, sans vacarme, réduit qu'on était à dissimuler les progrès réalisés dans la crainte de se voir rappelé à la stricte observation de programmes aussi anti-scientifiques que possible. De grands progrès avaient déjà été réalisés en ce qui touche le droit romain, comme l'a si bien montré M. Saleilles, lorsque, dans l'article précédemment cité, il a rappelé le souvenir vénéré de M. Gide. Sur ce point notre éminent collègue n'a laissé presque rien à dire à ceux qui écrivent après lui. Il a montré avec un grand bonheur d'expression et une rare justesse de pensée quel rôle, trop peu soupçonné au dehors, joue aujourd'hui la méthode historique dans l'enseignement du droit ; il a prouvé qu'il n'existe aucun antagonisme entre les procédés employés dans les sciences politiques proprement dites et dans le droit privé; qu'au contraire ces procédés leur sont communs et que si le groupe des sciences juridiques peut, au contact des sciences dites sociales, recueillir l'avantage d'apprendre à appliquer d'une manière plus ample la méthode d'observation, c'est-à-dire la méthode historique, le groupe des sciences sociales peut aussi, dans la société des jurisconsultes, apprendre dans quelle mesure et avec quelles précautions la méthode déductive doit être appliquée aux lois révélées par l'observation des faits. Trouver par l'observation les lois sociales, serait une découverte stérile, ou mènerait même à des désastres lorsqu'on en viendrait aux conséquences, à l'application pratique, si l'on n'y joignait pas ce tact particulier, rendu si délicat par l'exercice, qui permet au juriste de s'arrêter à temps dans les déductions logiques à tirer d'un principe.

Cette méthode déductive, dans laquelle on a cru, bien à tort, que le juriste se renfermait exclusivement, a d'ailleurs des mérites qu'il ne faut pas laisser dans l'ombre, puisqu'il est de mode d'en médire aujourd'hui.

Ceux qui n'ont point étudié l'histoire des législations, ont peine à se figurer que c'est la méthode déductive appliquée au droit, qui garantit efficacement la propriété, la liberté, la vie même des citoyens. Sans elle, tout serait livré au plus dangereux arbitraire. Sans la sécurité des transactions, la civilisation ne peut faire de progrès; cette sécurité manquerait totalement si la méthode déductive ne venait mettre un frein à l'arbitraire où le juge, cette pierre angulaire de l'édifice social, est toujours porté à tomber; en sorte que, sans exagération, on peut affirmer que l'application de cette méthode à l'interprétation des lois fut un trait de génie qui a puissamment servi les intérêts de la civilisation. On ne saurait y renoncer sans compromettre la sécurité sociale, base nécessaire de tout progrès.

Il est aisé de le montrer.

Le premier besoin d'une société, c'est de se donner un juge, et tout d'abord on s'est figuré qu'il n'y avait qu'à le laisser juger selon sa conscience. Mais on s'est aperçu bientôt que c'était là une mesure trop élastique, qu'on ouvrait ainsi la porte toute grande au caprice individuel, et qu'il fallait enfermer sa liberté d'appréciation dans des règles précises.

Par conséquent, si le premier besoin des sociétés a été de se donner un juge, le second, non moins impérieux, les a poussées à se précautionner contre l'arbitraire de ce juge, en décidant qu'avant tout ce ne serait point d'après sa conscience individuelle, mais d'après des règles précises qu'il devrait trancher les différends. De là sont nées les lois : le juge n'a plus à chercher le droit dans chaque cas, mais seulement à l'appliquer.

Mais la tâche de l'homme ne finit jamais et, pour maintenir la sécurité créée par les lois, il lui faut, nouveau Sisyphe, sans cesse renouveler ses efforts.

Les lois sont toujours incomplètes; à mesure que les sociétés grandissent et se civilisent, les rapports entre les hommes se multiplient et se compliquent. On comprend bien vite qu'il est impossible d'édicter des règles pour tous les cas; qu'entre le cas prévu par la loi et ceux qui se présentent dans la pratique il se produit des nuances infiniment variées qui ne permettent point d'y appliquer textuellement, entièrement, la règle édictée pour le cas abstrait. Un nombre toujours croissant d'affaires échappe à la règle, ou du moins elles ne rentrent ni tout à fait dans celle-ci ni complètement dans celle-là; le doute naît, l'obscurité se fait. Dans tous ces cas le travail législatif si péniblement élaboré va-t-il donc devenir inutile? Retomberons-nous dans cet arbitraire odieux, dans cette insécurité à laquelle la règle la plus imparfaite, pourvu qu'elle soit sûre, est cent fois préférable?

C'est ici que se place cette découverte, ce trait de génie, le mot n'est pas trop fort, qui, pour une bonne partie, a fondé le droit considéré comme art, l'application de la méthode déductive à la solution des problèmes juridiques.

En général les hommes ne s'entendent sur rien, ou du moins il y a bien peu d'idées sur lesquelles on puisse les réunir dans un accord unanime. L'un des objets sur lesquels l'opinion varie le plus, non seulement selon les races, le temps, les mœurs, le degré de civilisation, mais encore selon les individus, c'est la notion de l'équité. L'injustice dont nous avons souffert ou dont nous sommes exposés à souffrir personnellement nous semble monstrueuse; nous avons des trésors d'indulgence ou du moins d'indifférence pour celle qui ne doit pas nous atteindre : que sera-ce pour celle qui peut nous profiter? Considérez le patron et l'ouvrier, le créancier et le débiteur, le marchand et l'acheteur, le producteur et le consommateur, le fils et le père, le mari et la femme, et dites-nous s'ils voient du même œil la règle d'équité qui doit gouverner leurs rapports? Sur quelques grandes lignes abstraites on s'accordera peut-être, — et encore! — mais dès qu'on en vient à l'application, au détail pratique, rien de plus variable, rien de moins sûr que cette équité qu'on oppose parfois au droit!

Il est pourtant un domaine où les hommes s'entendent, où leur raison semble coulée dans un moule unique, c'est celui des vérités mathématiques : des axiomes les plus simples aux théorèmes les plus compliqués la chaîne se déroule sans interruption; la raison humaine, invinciblement entraînée dans une voie dont elle ne saurait dévier, aboutit nécessairement au but.

Eh bien! si le droit empruntait aux sciences exactes cette infaillible méthode de déduction logique, le problème ne serait-il pas résolu, et le danger toujours renaissant de l'arbitraire, de la diversité des appréciations, ne serait-il pas définitivement écarté? Là où l'équité, cette lueur incertaine et vacillante, égarerait le juge, la déduction logique, lumière immuable, le conduira sûrement. L'œil fixé sur cette clarté, tous prendront le même chemin, tous arriveront au même port; seulement, — et nous avons signalé tout à l'heure cette différence, — là où le mathématicien peut marcher droit devant lui, le jurisconsulte est parfois obligé de louvoyer pour éviter certains obstacles : il n'oublie pas que, si la lumière de la logique est un phare, un phare aussi devient un écueil quand on veut le serrer de trop près.

II

Dans tous nos cours cette méthode s'apprend plus ou moins, parce qu'elle les domine tous. Toutes les parties de notre enseignement l'inculquent sans la définir, parce que tous créent les mêmes habitudes d'esprit, les mêmes procédés pour rechercher la vérité.

Mais, parmi toutes les branches de notre enseignement, le cours qui a pour but — non pas, à coup sûr, exclusif — mais essentiel, de faire pénétrer cette méthode jusqu'au plus profond de l'être pensant et de l'incorporer à lui si fortement qu'elle devienne partie intégrante de sa raison, c'est le cours de droit romain.

Longtemps le droit romain a été enseigné chez nous presque

exclusivement à ce point de vue, c'est-à-dire comme l'exercice le plus propre à créer ces habitudes intellectuelles qu'on appelle l'esprit juridique. Ce point de vue trop étroit négligeait une partie très importante des fruits que l'on peut retirer de cette étude. C'est d'abord la connaissance de l'évolution du droit et par conséquent des lois qui président à sa formation; c'est ensuite non seulement une intelligence plus complète de notre législation actuelle, où l'interprétation se fourvoie bien souvent, quand elle ne s'éclaire pas aux lumières de l'histoire, mais encore un point de vue élevé pour juger nos propres codes.

Il y avait là une lacune regrettable, et la manière dont le droit romain était jadis enseigné chez nous exigeait évidemment une réforme. Comme l'a dit fort justement M. Turgeon, « si la critique a tort de viser l'enseignement actuel, elle atteint justement les errements du passé ». La critique a tort de s'attaquer à l'enseignement actuel, parce que, à l'insu de quelques-uns d'entre nous qui vivent, en ce qui touche le droit romain, sur leurs souvenirs d'antan, la réforme, nous l'avions déjà faite nous-mêmes, malgré la gêne de règlements mal conçus, et quand l'éminent collègue que nous venons de citer, ajoute : « Un exposé dogmatique ne suffit plus, il faut enseigner le droit romain comme un fait historique », il sait qu'il prêche à des convertis, et que la conversion ne date pas d'hier. Nous demandions seulement la liberté extérieure du culte, que depuis longtemps, dans notre cœur, nous rendions à l'histoire.

Si, dans un passé déjà lointain, des idées moins larges ont exercé dans nos Facultés une influence regrettable, la justice oblige à reconnaître que cette étroitesse de vues nous était imposée d'en haut, par des programmes d'examen contre lesquels se brisait toute initiative. De là sont nés des préjugés tenaces qui, voyant le droit romain à travers une méthode d'enseignement absolument vicieuse, l'ont jugé avec sévérité, mais très injustement; car autant vaudrait se prononcer sur la beauté d'une personne en regardant son image dans un de ces miroirs courbes qui, déformant les visages, en font de grotesques caricatures.

Dans notre système d'examens multiples on sait l'influence décisive qu'exerce sur l'enseignement le programme des examens. Trop souvent ce n'est point la science que recherchent les étudiants, mais le diplôme : pour beaucoup, le meilleur professeur, c'est le meilleur préparateur aux examens. Négliger des matières du programme, des choses qu'on peut demander! c'est grave, on mécontente l'auditoire; mais prétendre y substituer des notions *qui ne sont pas dans le programme*, c'est un comble, on s'expose à l'inattention, à l'impatience, on risque de faire le désert autour de sa chaire.

Telle était la situation du cours de droit romain, étroitement rivé aux Institutes de Justinien dont il fallait expliquer les deux premiers livres en première année, et les deux derniers l'année suivante. On lui imposait ainsi, en plein XIXe siècle, la méthode suivie, bien qu'alors déjà surannée, à Constantinople, il y a treize siècles! En vain l'on rongeait son frein; tenus en bride, des entraves aux pieds, il nous fallait tourner perpétuellement dans le même cercle sans pouvoir faire le moindre écart!

Faut-il s'étonner si, toute issue étant fermée du côté d'un changement de méthode et d'un élargissement de vues, l'attention des maîtres se reportait nécessairement sur les minuties; si, par suite, les cours se surchargeaient d'une multitude toujours croissante de détails aussi fastidieux qu'inutiles sur des institutions sans portée générale, sans analogies dans notre droit, sans intérêt pour l'évolution historique? C'était méconnaître complètement l'esprit de cet enseignement, le stériliser en partie, et si, par malheur, il tombait aux mains d'un professeur à vues étroites, on s'exposait à rétrécir les intelligences avec l'instrument le plus propre à les élargir.

L'influence désastreuse du programme officiel s'exerçait aussi sur les livres. En France, ceux consacrés au droit romain n'ont qu'un débouché sérieux : les étudiants, qui s'en servent pour la préparation de leurs examens. Ce qu'ils veulent, c'est un livre conforme au programme, et voilà, après le professeur, l'écrivain, lui aussi, rivé aux Institutes de Justinien!

Le moyen pour eux de considérer le droit romain comme un produit de la vie, de le traiter historiquement, d'en faire ressortir l'évolution, où l'on distingue nettement les lois naturelles qui président à la naissance, au développement et aux transformations du droit, de le suivre dans ses destinées et de le montrer vivant encore dans les articles de nos codes! Voilà ce que l'on chercherait en vain dans les Institutes; donc, tant pis pour l'évolution historique, elle ne rentrait pas dans le programme!

Comment y placer aussi ces aperçus philosophiques qui permettent de juger de haut et le droit antique et les législations modernes; comment atteindre ces points de vue élevés que Ihering, ce profond penseur, a découverts en si grand nombre (1), d'où l'œil

(1) R. von Ihering, *Esprit du droit romain*, traduit sur la 3e édition par O. de Meulenaere, 1877, 4 vol. in-8.

plonge au cœur même des institutions, d'où l'on voit s'en dégager l'esprit? D'une manière générale on peut dire que les idées fécondes du célèbre romaniste n'ont pas suffisamment été utilisées par nos meilleurs livres d'enseignement. Il aurait fallu bouleverser l'ordre que le programme imposait.

Toute issue étant fermée de ces côtés, on ne pouvait plus se distinguer — si nous laissons de côté les qualités extérieures de clarté, de précision — que par la richesse toujours croissante des solutions de détail.

Ainsi le programme officiel exerçait sur l'enseignement une influence néfaste et le menait aux minuties; les livres renchérissaient forcément sur cette fâcheuse tendance, et, par une sorte d'action réflexe, réagissant sur l'enseignement, le poussaient de plus en plus dans les voies étroites. C'était une sorte de course où celui-là remportait la palme qui avait su accumuler sans obscurité le plus de matériaux possible sous le plus petit volume ; on aboutissait ainsi au résultat déplorable que l'on a signalé ailleurs : le bourrage intellectuel substitué à l'éducation des intelligences.

Voilà l'œuvre du programme! Professeurs ou écrivains, nous en étions victimes, et non pas complices.

Et maintenant, est-il juste, après avoir laissé les gens garrottés dans d'étroites entraves, de leur reprocher de n'avoir pas avancé plus vite, et ne serait-il pas plus équitable de reconnaître quels efforts ils ont dû faire pour donner un peu de jeu à ces liens qui les étreignaient et pour opérer, dans l'enseignement qui leur était confié, les progrès sérieux que, de l'aveu de tous, il a réalisés? Ces progrès de méthode accomplis en dépit du programme ne pouvaient guère se montrer dans les livres destinés à l'enseignement : sous peine de rester chez l'éditeur, ceux-là, nous l'avons vu, devaient passer sous le joug officiel; l'originalité de l'écrivain ne résistait point à ce laminoir destructeur de tout relief.

L'enseignement oral avait plus de liberté d'allures. « Je crois pouvoir affirmer, disait M. Cuq (1), que, soit à Paris, soit dans les départements, il y a des professeurs qui enseignent le droit romain d'une tout autre manière. J'ai signalé ailleurs (2) l'évolution qui se produit depuis quelques années en France quant à l'étude du droit romain... On ne le considère plus comme un exercice uniquement destiné à former à l'art du raisonnement, comme une gymnastique intellectuelle... On insiste sur le progrès continu de la jurisprudence et sur le rôle prépondérant qu'elle a

(1) *Revue internationale de l'enseignement*, 1886, p. 477.
(2) *Revue critique d'histoire et de littératnre*, 19 janvier 1885, pp. 44-45.

joué dans la formation du droit. On indique les causes des modifications qu'elle a subies en mettant en relief les motifs généraux, humains, qui ont agi sur tous les peuples, et l'on arrive insensiblement jusqu'au droit moderne. »

Mais notre éminent collègue ajoutait aussitôt :

« Malgré leur désir, les professeurs ne peuvent donner à l'histoire qu'une place secondaire, souvent même très effacée. Leur bonne volonté s'arrête devant un obstacle, ils sont liés par les programmes imposés pour les examens. »

Vers la même époque, un autre professeur, répétant une fois de plus sa plainte de tous les ans, écrivait (1) :

« On a souvent déploré que l'initiative du professeur fût restreinte dans les limites trop étroites d'un programme mal conçu... Le programme officiel n'a jamais trouvé de défenseur, tout le monde s'accorde à le critiquer, les étrangers le traitent d'insensé... pourtant il s'impose. »

Ce n'était pas seulement à l'application de la méthode historique que le programme officiel mettait obstacle. Il entravait encore toute autre initiative. Il y a vingt ans, M. Accarias disait déjà, dans la préface de son *Précis de droit romain :* « Libre des gênes officielles d'un programme mal conçu, j'aurais mieux aimé, comme point de départ de mes explications sur chaque matière, emprunter aux divers jurisconsultes un petit nombre de textes brefs, clairs, aisés à retenir. » Se plaçant à un point de vue plus général, M. Lyon-Caen disait (1) : « Privés de toute liberté par des programmes surannés et étroits, les professeurs sont trop souvent réduits à commenter les textes... Quand obtiendront-ils cette liberté de méthode sans laquelle il n'y a pas d'enseignement supérieur vraiment digne de ce nom ? »

Toutes ces plaintes ont été vaines, et l'enseignement du droit romain est resté officiellement rivé aux Institutes, jusqu'au jour où on l'a mutilé. Mais pour ne pas anticiper sur ce que nous avons à dire à ce sujet, bornons-nous à constater que, si les méthodes d'enseignement du droit romain ont besoin d'être rajeunies, la faute n'en doit pas être imputée aux maîtres qui ont tout fait pour les transformer, et qui y auraient pleinement réussi, sans l'obstacle invincible que leur opposait une réglementation stérilisante, contre laquelle ils n'ont cessé de protester.

Gardons-nous de croire, au surplus, qu'ici, pas plus qu'ailleurs, un rajeunissement des méthodes puisse se faire par voie d'auto-

(1) *Annales des Facultés de Lyon*, 1889, p. 11.
(2) *Revue internationale de l'enseignement*, 1886, p. 350.

rité. La transformation doit sortir de nos facultés mêmes, du libre essor qu'il faut laisser aux initiatives individuelles.

En principe d'ailleurs, tant vaut l'homme, tant vaut la méthode, car le même procédé ne convient pas également à tous les esprits. Tel brillera dans l'exégèse qui restera bien sec dans l'histoire. Tel, aimant à planer dans les idées générales, ne descend qu'à regret dans l'analyse d'un texte ; le côté historique des questions a seul du charme pour un troisième, il reste froid devant l'austère beauté d'un raisonnement conduit avec une impeccable logique ; tel autre au contraire y mettra toutes ses complaisances. Chacun de ces hommes fera naturellement prédominer dans son enseignement le côté où il excelle, sa méthode s'en ressentira, et ce sera un bien, car les qualités personnelles se développant alors sans entraves, chacun fournira le maximum de son rendement scientifique ; la science fouillée dans tous les sens nous livrera tous ses trésors.

Ce qui nous a fait le plus de mal, c'est ce fétichisme de la symétrie, de l'uniformité : c'est proprement le mal français. On raconte que jadis un ministre de l'instruction publique, tirant sa montre, disait avec satisfaction : « Il est deux heures ; en ce moment, dans tous les collèges et lycées de France, on compose en version grecque ! » L'idéal était atteint. Mais quelle nécessité y a-t-il à ce qu'on enseigne les mêmes choses dans la même année, avec la même méthode, sur le même programme, à Paris, à Lyon, à Bordeaux, etc. ? Ce n'est pas du particularisme qu'il faut se défier en France, c'est là notre moindre défaut. Créer des Universités ne sera qu'une réforme sur le papier tant qu'on ne leur aura pas accordé l'essentiel, la liberté des programmes et des méthodes ; mais l'autonomie des Universités à ce point de vue doit naturellement se baser sur l'autonomie des Facultés, et cette dernière ne saurait exister si chaque professeur ne jouit pas, au préalable, d'une certaine liberté de méthode et de programme. La liberté ne forme pas le couronnement de l'édifice, mais sa base même. Le progrès est à ce prix. Des enseignements tirés au cordeau, sans empiétement possible sur le terrain voisin ; des examens, petites cases géométriques qu'il faut remplir exactement, tout cela paralyse et stérilise. La réglementation uniforme et minutieuse en matière scientifique, c'est l'éteignoir.

Par conséquent, si nous recherchons maintenant quelle est la méthode la plus fructueuse que l'on puisse appliquer à l'étude du droit romain, ce n'est pas pour demander qu'on l'impose, mais seulement parce que c'est un devoir pour chacun de nous de dire son avis et d'apporter sa contribution, si petite qu'elle soit, à l'œuvre du perfectionnement des méthodes.

Pour connaître la manière dont il convient de cultiver un champ, il faut d'abord savoir quelles récoltes il peut porter selon la nature du terrain. De même, pour connaître les méthodes à employer dans un enseignement, il faut se rendre compte des fruits que l'on espère en retirer. Or, en laissant de côté diverses utilités accessoires dont nous dirons plus tard un mot si l'occasion s'en présente, le droit romain est utile : 1° comme formant la partie de beaucoup la plus importante de l'histoire du droit; 2° comme instrument indispensable d'éducation juridique; 3° comme connaissance nécessaire pour l'intelligence de notre droit et des législations étrangères.

1° Il n'y a pas besoin d'insister bien longtemps sur le premier point de vue. Peu de jours avant d'être enlevé à la science, M. Fustel de Coulanges écrivait (1) :

« On a inventé depuis quelques années le mot *sociologie*. Le mot *histoire* avait le même sens et disait la même chose, du moins pour ceux qui l'entendaient bien; l'histoire est la science des faits sociaux, c'est-à-dire la sociologie même. L'histoire, ajoutait-il, étudie les organes dont les sociétés ont vécu, » et en première ligne il plaçait avec raison leur droit. Nulle part en effet la vie d'une société ne se révèle plus complètement que dans son droit, puisqu'il gouverne toutes les relations des hommes, la vie publique comme la vie privée. D'ailleurs, en étudiant le droit, on ne saurait, bien entendu, faire abstraction du milieu où il s'est développé, des idées religieuses, philosophiques, économiques des sociétés qu'il a régies. Ainsi donc l'histoire, c'est la sociologie même, et l'histoire du droit constitue la branche principale de cette étude.

On n'a pas le droit d'expérimenter sur les sociétés humaines; la sociologie se base donc essentiellement sur la méthode d'observation. On a dit (2) que « le meilleur moyen de découvrir et de formuler les lois obscures de la société moderne, ce n'est peut-être pas de pratiquer à outrance et d'une façon trop exclusive l'autopsie perpétuelle et incessante du passé. » Il est vrai! Mais personne ne peut faire sa propre autopsie : nul ne saurait être à la fois acteur et spectateur; pour bien observer, il faut un certain recul. D'ailleurs nul ne songe à exclure l'étude de la société moderne; il s'agit au contraire de la mieux connaître. Le passé seul peut nous apprendre de quels éléments le présent est formé,

(1) *L'Alleu et le domaine rural pendant l'époque mérovingienne*, Introduction.
(2) M. Leveillé, *le Temps* du 20 juillet 1889.

et nous révéler de quoi demain sera fait; l'évolution historique est trop lente pour qu'on en puisse saisir les lois sans embrasser un vaste espace de temps.

Les sociétés ne sont pas soumises à des lois absolument fatales; elles peuvent, dans une certaine mesure, agir par leur volonté sur leur propre développement. Les lois physiques elles-mêmes ont beau demeurer immuables, l'homme sait pourtant les faire servir à son usage. Il emprisonne toutes les forces de la nature, jusqu'à la foudre même, et transforme en serviteurs dociles les éléments destructeurs. De même, les sociétés peuvent tourner à leur avantage les lois qui régissent leur organisme. Autrement, la connaissance de ces lois sociales serait une vaine recherche; à quoi bon connaître notre destin, s'il est immuable? L'expérience du passé, voilà précisément ce qui permet aux sociétés de ne pas user en aveugles de la somme de liberté qui leur est allouée, de pratiquer une hygiène ou de se prescrire des remèdes qui modifient favorablement leur constitution.

A cet égard, rien de plus instructif que la grande expérience romaine. Jamais phénomène social ne s'est produit sur un terrain aussi vaste, avec un développement aussi ample ou une durée plus longue.

Mais n'insistons pas : nul ne méconnaît l'intérêt, l'utilité, la nécessité de l'histoire du droit; nul ne conteste la place qu'à ce point de vue le droit romain doit tenir dans nos Facultés.

Il y aurait plutôt à craindre que l'on n'exagérât l'importance du point de vue historique, et qu'après nous avoir empêchés, par des règlements déplorables, d'utiliser l'histoire autant que nous l'aurions voulu, on en vînt, tombant d'un extrême dans l'autre, à ne plus vouloir entendre parler que d'histoire. On oublierait ainsi les autres avantages de l'étude du droit romain, avantages qui, pour les Facultés de droit, sont et resteront toujours les plus importants de beaucoup. Il faut bien se garder de confondre en effet la méthode propre à nous procurer l'intelligence du droit romain, avec les fruits que nous espérons retirer de cette étude. Le droit romain doit être étudié historiquement, sans doute, mais ici l'histoire n'est point à elle-même son propre but, ou du moins son but unique. Ne l'envisager qu'à ce point de vue, ce serait créer un enseignement pour le philosophe, l'historien; encore courrait-on le risque de tomber dans le vague, et, sous prétexte de considérer les choses de haut, de se perdre dans les nuages (1).

(1) « L'enseignement du droit romain devra être largement donné ou pas du tout : réduit à une année... il se ramènerait à quelques formules abstraites

En tous cas, ce serait laisser de côté ce que le juriste doit avant tout chercher dans le droit romain, c'est-à-dire la méthode, l'esprit juridique, la déduction logique tempérée par le sens pratique, toutes choses qui, parmi les fruits du droit romain, sont à coup sûr les plus précieux de beaucoup.

Il existe certainement sur ce point un malentendu auquel il faut peut-être attribuer la mutilation de l'enseignement du droit romain. Quelques-uns d'entre nous, notamment M. Cuq, avaient montré que le droit romain devait être étudié historiquement. On en a conclu qu'il existait chez nous « une école de romanistes qui y voyaient moins un monument de logique qu'un produit de la vie, qui s'appliquait moins à en démontrer la structure qu'à en expliquer la vie » : en d'autres termes une école qui renonçait à considérer le droit romain comme un instrument d'éducation, ou du moins regardait ce point de vue comme très subsidiaire. — C'est un malentendu. — Non seulement il n'existe pas d'école, mais je ne crois pas que l'on puisse trouver un seul professeur de droit romain qui entende sacrifier ou rejeter à l'arrière-plan son utilité au point de vue de la formation de l'esprit juridique. Bien loin de là ! L'un des résultats les plus heureux que l'on compte obtenir en appliquant largement la méthode historique au droit romain, c'est de le perfectionner comme instrument d'éducation. Par exemple, le collègue éminent que je viens de citer disait (1) : « Il y a deux façons d'envisager le droit romain : comme un fait historique ou comme un corps de doctrine et un modèle de dialectique juridique. De ces deux points de vue, c'est le second qui prévaut dans les Facultés de droit, *et qui doit prévaloir*, puisque la mission de ces Facultés est de préparer aux carrières où le développement de l'esprit juridique est de la plus haute importance... Il faut... se servir des données de l'histoire pour expliquer comment les dogmes se sont établis... l'emploi de cette méthode est indispensable, elle nous fera *surtout* mieux connaître la portée des règles du droit, en les rétablissant dans le milieu pour lequel elles ont été faites. »

Ainsi, il ne s'agissait point du tout d'abandonner le point de vue dogmatique pour le point de vue historique, mais d'éclairer l'un par l'autre.

2° L'utilité du droit romain comme instrument d'éducation

qui auraient la prétention de tracer les grandes lignes du développement historique et qui seraient tout l'opposé de la méthode historique, laquelle doit commencer par l'analyse au lieu de se contenter d'une synthèse vague et prématurée. » (M. Saleilles, *loc. cit.*, p. 487.)

(1) M. Cuq, *Revue internationale*, 1886, p. 475 et suiv.

juridique est tellement supérieure à ses autres avantages, que si l'on devait, sous prétexte d'histoire, abandonner l'étude du droit romain au point de vue de sa structure artistique, des merveilles de logique et de sens pratique qu'il renferme, des habitudes d'esprit qu'il crée, alors il vaudrait mieux encore reprendre le joug du vieux programme et demander qu'on nous ramène aux carrières, c'est-à-dire aux Institutes.

Car l'étude du droit romain, si mauvaise que fût la méthode, a toujours eu une vertu, et si ce pain des forts, pour emprunter le mot de M. Léveillé, lorsqu'il est mal préparé, ne convient pas à tous les estomacs, il faut reconnaître qu'une fois la répugnance surmontée, on puisait dans cet aliment une singulière vigueur. Entre de bonnes mains la vieille méthode, avec tous ses vices, produisait encore d'heureux résultats. Pendant trente-cinq ans, à la Faculté de droit de Rennes, M. Bodin montra que nul, plus qu'un grand praticien, n'est mieux fait pour comprendre les Romains, et façonna les intelligences au marteau de son impitoyable logique. A combien n'a-t-il pas appris à penser clairement et à ranger leurs pensées en bon ordre! « Je lui dois tout ce que je suis, » disait un jour l'éminent professeur parisien que je citais tout à l'heure. Dix ans plus tard j'ai reçu les mêmes leçons, et bien que ce témoignage ne puisse rien ajouter à celui de M. Léveillé, la reconnaissance me fait un devoir d'apporter ce faible tribut à la mémoire d'un maître vénéré.

Ceux-là mêmes à qui le droit romain a le plus profité ne se rendent pas toujours un compte exact de ce qu'ils lui doivent. Ce qu'ils lui doivent, c'est un agrandissement et une élévation de l'intelligence, un affinement de leur faculté d'analyse et de leur tact juridique, un équilibre plus parfait de l'esprit. Tous ces progrès se sont insensiblement incorporés à notre être : pour les mettre au jour il faudrait les détacher de nous, chose impossible, car ils font partie de nous-mêmes, comme les résultats de notre éducation classique.

Nous avons vu dans la première partie de cette étude que la déduction logique, judicieusement appliquée, constitue un remède très efficace contre l'arbitraire des décisions et l'insécurité sociale qui en résulte. Pour trancher les difficultés c'est un outil précieux, mais que des mains inexpérimentées ne manient pas sans danger; pour apprendre à s'en servir il faut un long exercice, l'exemple des grands maîtres.

Ce sont les Romains qui ont forgé cet outil puissant de la déduction juridique, et rien n'approche de l'art consommé avec lequel ils ont su le manier. Leurs jurisconsultes y sont devenus si habiles, leur coup d'œil est si sûr qu'ils peuvent, sans craindre de s'égarer, dédaigner de suivre pas à pas la voie logique, voler de sommets en sommets, là où nous nous traînons péniblement par côtes et vallées. Souvent leur solution, qu'ils n'ont point daigné motiver, nous surprend; à la réflexion nous découvrons successivement les étapes que leur pensée robuste a franchies d'un seul bond, et l'admiration succède à la surprise. Ce qui semble plus merveilleux encore peut-être que leur infaillible logique, c'est cet équilibre parfait de l'esprit, ce bon sens, ce sens équitable et pratique, qui vient à chaque instant corriger, retoucher l'œuvre puissante, mais trop anguleuse, de la logique. Car si l'équité, guide trop peu sûr, ne saurait nous faire trouver les solutions, elle nous permet de juger le résultat : impuissante à mener à bien l'opération, elle sert du moins à en faire la preuve.

C'est à l'école de ces grands esprits que l'on acquiert et la sûreté de raisonnement, et le tact délicat nécessaire pour appliquer judicieusement la *déduction tempérée* qui constitue, non pas la seule méthode des juristes, mais à coup sûr la plus usitée.

Sans sortir du même ordre d'idées, et en considérant toujours le droit romain comme un instrument d'éducation juridique, on peut lui demander un service plus grand encore. Ce sont les procédés d'analyse et la terminologie inventés par les Romains qui ont fait du droit une science, et qui lui maintiennent ce caractère; en outre, s'il n'est pas seulement une science, mais encore un art, c'est aussi à ces méthodes romaines qu'il le doit.

L'un des plus grands jurisconsultes et des plus grands penseurs du siècle, Ihering, dans l'introduction de son admirable ouvrage, sur l'Esprit du droit romain, — introduction dont on ne saurait assez recommander la lecture à ceux qui veulent se faire une idée des caractères du droit romain et de son utilité, — Ihering a montré comment les Romains firent du droit romain une science en découvrant les éléments irréductibles, pour ainsi dire les *corps simples* dont il se compose, et en inventant pour lui un *alphabet*.

La chimie est devenue véritablement une science depuis le jour où l'on a reconnu qu'il existait un nombre très limité de corps simples dont les combinaisons innombrables suffisent à former, non seulement tout ce qui existe dans la nature, mais encore une multitude infinie de produits nouveaux.

Le droit, lui aussi, est devenu une science depuis que les Romains, par leur pénétrante analyse, l'ont décomposé en corps simples. On pourrait pousser la comparaison fort loin, et ce ne serait pas un jeu, car il existe réellement entre les lois des idées et celles de la matière d'étranges coïncidences. Mais laissons parler Ihering lui-même :

« Le législateur, dit-il, nous offre, pour ainsi dire, des corps composés qui ne l'intéressent que par leur utilité immédiate : la science au contraire en entreprend l'analyse et les réduit en corps simples.» L'exemple classique du droit de propriété vient tout de suite à l'esprit ; on pense à ses trois éléments : *usus, fructus, abusus*, qu'une certaine force, une sorte d'affinité tend toujours à réunir.

Cette décomposition du droit en éléments irréductibles a une triple importance.

Premièrement la simplification. Par cette analyse, en effet, « on voit, dit Ihering, que des règles, en apparence hétérogènes, ont été composées des mêmes éléments et qu'elles peuvent dès lors être effacées ; que mainte règle ne diffère d'une autre que par un seul point : il suffit donc d'indiquer ce point ; que telle autre n'est qu'une combinaison d'éléments simples déjà connus... Ainsi la science du droit, au lieu d'une foule innombrable de règles diverses obtient un nombre limité de corps simples, au moyen desquels elle peut recomposer, dès qu'elle le veut, toutes les règles du droit. » C'est ainsi qu'une brève définition renferme souvent la substance de plusieurs règles.

Ces corps simples du droit, ce sont les Romains qui les ont exactement définis ; leur nomenclature durera toujours, parce qu'elle repose sur la nature même des choses. Aucune science ne peut progresser, se développer, sans se fonder sur une nomenclature précise, une terminologie rigoureuse. Nous parlions tout à l'heure de la chimie ; eh bien ! les formules des actions à Rome ont précisément le mérite des formules chimiques : elles indiquent de la manière la plus nette la composition du droit litigieux, et si l'adversaire invoque des droits rivaux, oppose des exceptions, la solution du litige se trouve très facilement, comme par une sorte d'équation algébrique. Par exemple : neutralisée par une *réplique*, l'*exception* disparaît et laisse ainsi à l'*action* toute sa valeur. « On ne ferait que rendre justice, disait Sumner Maine (1), aux méthodes d'interprétation inventées par les jurisconsultes romains, en comparant leurs résultats aux avantages que la géométrie tire de l'analyse mathématique pour discuter les relations de l'espace. Avec le secours de ces procédés, des difficultés presque insurmontables

(1) *Études sur l'histoire du droit*, traduction, 1889, p. 371.

deviennent insignifiantes, et des recherches d'une interminable longueur se réduisent à quelques opérations très simples. »

Dans notre droit moderne, tout est infiniment moins net, parce que tout est plus complexe; la structure du droit présente une physionomie beaucoup moins régulière, moins géométrique. Le droit romain joue ainsi, dans nos écoles, un rôle analogue à celui des mathématiques pures dans l'enseignement des Facultés des sciences. Comme les mathématiques chez elles, chez nous le droit romain c'est la clef d'or qui ouvre la porte de toutes les autres connaissances juridiques, et sans laquelle on se voit arrêté à chaque pas. Mais l'avantage, pour ainsi dire algébrique, de simplification produit par cette terminologie merveilleuse, que Sumner Maine appelle ailleurs la « sténographie de la jurisprudence », cet avantage immense s'éclipse pourtant devant un bienfait plus précieux encore.

Le droit une fois réduit par l'analyse à ses éléments simples, la combinaison de ces divers éléments, dit Ihering, « permet à la science, non pas seulement de reconstituer les règles dont ils ont été tirés par l'analyse, mais encore de créer de nouvelles règles et d'accroître ainsi le droit au moyen du droit lui-même ». Les dispositions de la loi, les règles du droit, sont stériles par elles-mêmes: au contraire, réduites à leurs éléments simples, et mises par ce moyen à la place que leur assigne leur parenté avec d'autres règles, suivant qu'elles en sont, pour ainsi dire, les mères, les filles ou les sœurs, elles s'élèvent au rang d'*éléments logiques du système*. Dès lors, devenues fécondes, elles engendrent de nouvelles règles. De même, lorsque, observant des phénomènes naturels, on a trouvé la formule mathématique d'une loi physique, on peut souvent en déduire une série d'autres lois que l'observation n'avait pas révélées, mais qu'elle vient ensuite confirmer. Cela tient précisément à ce que, dès que vous avez trouvé cette formule, la loi n'est plus isolée, elle devient nécessairement l'élément logique d'un système dont il est alors possible de dérouler les divers anneaux. Ainsi le droit, qui, à l'œil peu exercé, apparaît comme un ensemble de règlements, constitue véritablement, selon le mot d'Ihering, un organisme logique d'institutions et de définitions juridiques.

Cette méthode d'analyse sans laquelle le droit ne serait pas une science, qui pourrait nous l'enseigner mieux que ceux qui l'ont inventée et pratiquée de manière à nous laisser des modèles qu'on peut imiter, mais qu'on ne surpassera point?

Enfin, cette même analyse n'a pas fondé seulement la théorie scientifique, elle a aussi fait du droit un art, et constitue encore l'outil indispensable de la pratique.

« Elle nous fournit en quelque sorte, dit Ihering, des réactifs simples pour apprécier les faits de la vie pratique qui sont infiniment compliqués. Celui qui voudrait les résoudre, armé seulement des règles du droit, serait dans un continuel embarras, car la pratique a de si inépuisables combinaisons que la casuistique la plus riche d'un code paraîtrait mesquine en présence de ces espèces toujours renouvelées. Au contraire, avec ce petit nombre de réactifs, nous résolvons tous les cas qui se présentent. Je pourrais me servir d'une autre comparaison encore et appeler cette structure systématique ou logique du droit, l'*alphabet du droit*. Le rapport entre un code se bornant à donner des solutions d'espèces et un droit réduit à sa forme logique, est le même que celui qui existe entre la langue chinoise et la nôtre. Les Chinois ont pour chaque idée un signe particulier; la vie d'un homme suffit à peine pour les connaître tous, et les idées nouvelles réclament tout d'abord l'invention de signes nouveaux. Nous, au contraire, nous possédons un petit alphabet au moyen duquel nous pouvons composer et décomposer tous les mots. Il est facile à apprendre et ne nous fait jamais défaut. Un code casuistique contient pareillement une foule de signes pour des cas particuliers, déterminés. Un droit réduit à ses éléments logiques nous offre au contraire l'alphabet du droit, au moyen duquel nous pouvons déchiffrer toutes les modalités nouvelles de la vie pratique, si extraordinaires qu'elles puissent être...

« Il faut qu'un peuple soit singulièrement bien doué pour pouvoir, de la connaissance des règles du droit, s'élever de bonne heure jusqu'à la connaissance de l'*alphabet* du droit. Nous verrons que c'est en cela précisément que s'est manifestée la prédestination extraordinaire du peuple romain pour la culture du droit. »

Voilà le droit romain considéré comme instrument d'éducation juridique.

3° Nous avons dit enfin que le droit romain était indispensable pour l'intelligence de notre droit et des législations étrangères.

Quand on sait le latin, on n'éprouve aucune difficulté sérieuse à comprendre les langues du midi de l'Europe. Au point de vue de la connaissance des législations étrangères, le droit romain a une importance bien plus grande encore. Ce n'est pas seulement le droit des peuples latins qu'il nous explique, mais encore celui des nations germaniques. Car, au moyen âge, l'Allemagne l'a adopté en bloc, phénomène unique dans l'histoire. Il y forme encore le droit commun, le droit subsidiaire, et le projet de Code civil de l'Empire — projet que M. Saleilles vient de commenter dans un livre aussi précieux pour l'étude du droit romain que pour celle des législations comparées — n'est au fond qu'un choix fait entre les diverses théories créées en Allemagne pour expliquer chacune des institutions correspondantes du droit romain.

Quant à l'est de l'Europe, n'oublions pas que c'est là, à Constantinople, que le droit romain a pris, par la compilation de Justinien, la forme sous laquelle on l'a étudié depuis. Il serait long de montrer tout ce que l'Orient a, sous ce rapport, emprunté à Byzance, nous aimons mieux signaler les conquêtes nouvelles que le droit romain continue à faire des deux côtés de l'Atlantique.

« En Amérique, dit Sumner Maine (1), le code de la Louisiane est, de toutes les rééditions du droit romain, celle qui nous paraît la plus claire, la plus complète, la plus philosophique, la mieux adaptée aux exigences d'une société moderne. Eh bien ! c'est ce code dont les nouveaux États d'Amérique font le *substratum* de leurs lois...

« La multiplicité croissante des systèmes juridiques qui empruntent toute la phraséologie, adoptent tous les principes et s'approprient la plus grande partie des règles du droit romain, est un des phénomènes les plus singuliers de notre temps et mérite infiniment plus d'attention que les manifestations les plus pompeuses du progrès social (2).

« Le droit romain est donc en train de devenir rapidement la *lingua franca* de la jurisprudence universelle (3). »

N'oublions pas que c'est un Anglais qui parle, et que, de toutes les nations, l'Angleterre fut la plus rebelle à l'influence du droit romain. L'illustre jurisconsulte auquel nous venons d'emprunter quelques traits, déplorant chez ses compatriotes cette lacune scientifique, s'écriait (4) :

« On ne se rend pas compte en Angleterre de l'énormité d'ignorance à laquelle nous condamne notre ignorance spéciale du droit romain. Les gens les plus instruits ne s'imaginent pas chez nous combien le droit romain est un élément important des connaissances humaines. »

Eh bien, malgré ses répugnances séculaires, voilà l'Angleterre

(1) *Études sur l'histoire du droit*, p. 403.
(2) *Ibid.*, p. 397.
(3) *Ibid.*, p. 403.
(4) *Ibid.*, p. 367.

elle-même qui se laisse entraîner; Sumner Maine le constate au même endroit :

« Nous autres Anglais, nous nous accoutumons lentement et peut-être inconsciemment, involontairement, mais sûrement, aux formes de pensée légales, aux conceptions juridiques que les jurisconsultes romains ont atteintes, grâce à des siècles d'expérience accumulée et de culture infatigable. »

Voilà pour les législations étrangères.

Aucune n'est au fond plus romaine que la nôtre. Au point de vue juridique, nous sommes infiniment plus près des six premiers siècles de notre ère que des temps écoulés depuis lors, et l'histoire du droit romain, c'est la presque totalité de l'histoire de notre droit moderne. Toute trace du régime féodal a disparu de nos lois; les coutumes, profondément imprégnées elles-mêmes de droit romain, n'ont joué dans la formation de nos lois civiles qu'un rôle tout à fait secondaire. Notre droit est aussi latin que notre langue; les éléments venus d'ailleurs n'y sont pas plus nombreux que les racines celtiques ou germaniques du français. A cause de leur diversité même, nos coutumes n'ont pas eu sur la rédaction de nos Codes une influence proportionnelle à l'étendue du territoire qu'elles régissaient. L'unification s'est faite dans le sens du droit romain.

Aussi un jurisconsulte belge, van Wetter, a-t-il pu consacrer un volume rien qu'à l'indication sommaire des sources romaines du code civil. Par suite des modifications qu'il a subies en Belgique, ce code comprend 2 283 articles (au lieu de 2 281 chez nous), sur lesquels van Wetter compte 925 conformes au droit romain, 681 mixtes, c'est-à-dire conformes en partie seulement, et 677 contraires ou inconnus au droit romain.

« Mais, ajoute-t-il, pour avoir une idée exacte de l'influence du droit civil romain sur le nôtre, il convient de faire abstraction d'environ 300 articles dont la place véritable n'est pas dans le Code civil, soit parce qu'ils appartiennent plutôt au code de procédure, au code criminel ou au code de commerce, soit parce qu'ils ne contiennent que des dispositions réglementaires. La presque totalité de ces articles étant contraires ou inconnus au droit romain, on arrive à ce résultat que près des deux tiers de notre droit civil sont d'origine romaine. »

En disant les deux tiers, on est encore loin de compte, car il faut faire la part de cette énorme quantité de principes juridiques qui ne sont pas écrits dans le code; les rédacteurs n'ont pas jugé nécessaire d'en faire des articles, parce que ces règles de droit leur étaient si familières qu'ils n'auraient pu concevoir les choses autrement. Ces principes juridiques, qui forment une portion très importante de notre droit, nous les devons aux jurisconsultes de Rome, c'est dans leurs écrits qu'on les trouve exactement formulés.

Aussi les rédacteurs de nos codes furent-ils unanimes à déclarer que l'étude du droit romain était indispensable pour l'intelligence du code civil : « Croire qu'il suffit de connaître ce code, ce serait une erreur que l'ignorance seule pourrait répandre et la paresse accréditer; » il faut « étudier le droit dans sa source la plus pure, dans les lois romaines » (1). « Jamais vous ne saurez le nouveau code, si vous n'étudiez que ce code, » disait Portalis à l'Académie de législation, « les jurisconsultes d Rome sont encore les instituteurs du genre humain. » On pourrait multiplier les citations.

Ces conseils n'ont pas été assez suivis. Aussi, dès que la génération qui savait le droit romain a disparu, dès qu'on a voulu marcher avec le code tout seul, on a vu les systèmes et les controverses se multiplier d'une façon inconcevable, au grand détriment du public qui paie toujours les frais de ces disputes; on s'est mis à épiloguer sur des expressions, à tirer des arguments de texte basés sur des mots où les rédacteurs du code n'avaient sûrement pas cru mettre tant de choses. J'ai lu quelque part qu'on peut être un homme d'affaires entendu, un praticien délié, sans soupçonner les premiers éléments du droit romain. Je crois en effet que cela n'empêchera pas ce praticien d'être un homme de loi retors; au contraire, moins il aura vécu dans la société de ceux qui s'appelaient eux-mêmes les adorateurs et les prêtres de la justice, moins on l'aura habitué à chercher l'équité idéale, et moins peut-être il aura de scrupules à ne voir dans la pratique qu'une occasion de lucre. Il s'agit ici de savoir s'il fera bien, non pas ses affaires personnelles, mais celles de la justice, et l'on peut en douter. Le grand jurisconsulte Merlin, contemporain du code civil et praticien consommé lui-même, parlant à des étudiants, leur disait: « Jeunes gens, étudiez sans relâche les lois romaines : sans cela vous ne serez jamais que des praticiens, toujours exposés à prendre les erreurs les plus graves pour les vérités les plus constantes (2). »

Sans doute il ne s'agit plus, comme cela se faisait sous la Restauration, d'invoquer des textes du Digeste devant les tribunaux. On y fait un usage assez sobre même des commentateurs modernes

(1) Gary, discours au Corps législatif.

(2) Merlin, cité par LAFERRIÈRE, *Histoire du droit français*, Introduction, p. 19.

de nos codes; les répertoires de jurisprudence sont les autorités les plus fréquemment invoquées. D'ailleurs, en général, on ne plaide plus le droit, — nous avons vu plus haut dans quel sens il fallait l'entendre; — par conséquent il ne s'agit pas d'apporter un *Corpus juris* au Palais; c'est à l'école qu'il importe de remonter aux origines romaines pour faire comprendre le véritable sens de nos lois; souvent le code s'est borné à consacrer, en la rappelant d'un seul mot, toute une théorie romaine, à laquelle il faut nécessairement se référer. Ces rapprochements préservent d'une multitude d'erreurs grossières, et surtout de cette espèce de chauvinisme juridique, de fétichisme du code qu'on a poussé parfois jusqu'à ériger en principes de droit de simples maladresses de rédaction. Parfois aussi certaines dispositions peu rationnelles qui ont été accueillies dans nos lois par respect pour l'autorité du droit romain, et qui n'ont pas d'autre raison d'être, doivent leur origine à la fausse interprétation de quelque texte du Digeste. La démonstration de l'erreur ne leur fait pas perdre, il est vrai, leur force légale, mais elle leur enlève toute autorité scientifique ou doctrinale. On se contentera donc d'en observer la lettre, sans en tirer de déductions, ni fonder sur elles des théories, comme seront tentés de le faire ceux qui en ignoreront l'histoire. Le nombre de questions de droit moderne que l'on peut trancher, je ne dis pas par des textes, mais pas des raisons décisives empruntées au droit romain, aux résultats généraux de son étude, est bien plus considérable que beaucoup ne le pensent : il serait aisé d'en fournir de nombreux exemples, mais ce n'est pas ici le lieu. Qu'il nous suffise de dire qu'à notre gré on pourrait employer un semestre tout entier (à trois leçons par semaine) à étudier, sur des points essentiels, les *Origines romaines du code civil*, le temps manquerait avant la matière.

On l'avait bien compris au commencement de ce siècle lorsque les règlements prescrivaient l'enseignement du droit romain *dans ses rapports avec le droit français*. Ce point de vue, sans doute, était trop étroit, car il est impossible de juger sainement telle ou telle institution romaine sans embrasser l'ensemble de cette législation et en suivre l'évolution historique. Mais enfin on avait mis en relief une utilité du droit romain que l'on perd trop de vue aujourd'hui. Ce changement doit encore être imputé, pour une forte part, à l'influence néfaste du programme qui riva l'enseignement aux Institutes de Justinien. Sans doute, en province comme à Paris, quelques professeurs s'efforcèrent de ne pas négliger complètement ces rapprochements avec le droit français; fidèle aux leçons que j'ai reçues, je crois qu'on ne saurait aller trop avant dans cette voie. Mais quand il faut expliquer les Institutes et, par suite, trop de détails peu utiles, le temps est bien limité, surtout en seconde année; c'est là que s'offrent, à propos des obligations et des actions, les occasions les plus nombreuses de rapprochements avec le droit moderne; malheureusement, c'est aussi là que le programme est le plus chargé. Trop dociles au programme, qui parlait d'Institutes et non de code civil, le plus grand nombre des maîtres se cantonnait dans le droit romain, et ne le montrait pas survivant dans nos lois. C'était aussi le plus grave défaut des livres d'enseignement, dont, à d'autres points de vue, quelques-uns sont si remarquables. Ils suivaient le courant : à les lire on ne se serait pas douté vraiment qu'il existât un Code civil français, dont la plupart des articles avaient été empruntés au droit romain, et qu'on ne pouvait bien comprendre sans lui. On n'y parlait point des transformations qu'avaient subies des institutions fameuses, on ne suivait pas leurs traces dans les législations étrangères.

On sait pourtant que le droit romain constitue le lien suprême qui réunit les législations des peuples d'Europe et d'Amérique, la base sur laquelle se construira le droit commun de l'avenir. Comment aurait-on pu le considérer à ce point de vue quand on le négligeait en tant que source de la législation nationale? Ces rapprochements s'imposent, et nul ne peut se flatter de suivre une méthode historique sans leur faire une large place. Chose étrange! nos livres laissaient aux lecteurs le soin de les faire. Le pilote se retirait en vue de la côte, juste au moment où on allait être récompensé des fatigues d'un pénible voyage, juste au moment où il nous eût été le plus utile : on échouait au port!

Aujourd'hui on fait des Universités parce qu'on sent qu'il existe un lien entre toutes les sciences, quelque diverses qu'elles paraissent, et qu'elles doivent se prêter un mutuel appui, élever, agrandir réciproquement leur horizon. A combien plus forte raison cela n'est-il pas vrai de deux parties d'une même science, le droit; de deux parties aussi étroitement unies par un lien de filiation directe que le droit romain et le code civil, celui-ci n'étant bien souvent qu'un simple décalque de celui-là? Dans peu de temps on pourra à peine croire que par une inintelligente application de la division du travail nous en soyons arrivés jadis à ce morcellement, à cet isolement où les deux enseignements ont tant à perdre. Le professeur de droit romain faisait semblant d'ignorer ce qu'étaient devenues, après la mort de Justinien, les institutions qu'il avait expliquées : il eût craint d'empiéter sur le domaine de son collègue. Le professeur de Code civil, de son côté, jugeait souvent superflu d'exhumer des antiquités abrogées depuis 1804. Entre les deux chaires se creusait un abîme de douze siècles; jamais dans les livres, trop rarement dans les cours, on ne songeait à jeter au moins une passerelle entre ces deux enseignements qui devenaient ainsi de plus en plus étrangers l'un à l'autre. Cet isolement regrettable du droit romain est peut-être ce qui lui a fait le plus de tort dans l'opinion; peut-être à cet égard professeurs et écrivains eussent-ils pu montrer plus d'indépendance vis-à-vis du programme officiel, comme ils l'ont fait pour donner plus de place à la méthode historique; mais la source première du mal, c'était bien le programme; encore une fois, écrivains et professeurs, nous en avons été bien plus victimes que complices.

Enfin, voici une utilité de l'étude du droit romain qu'il serait regrettable de passer sous silence, parce qu'elle touchera même ceux qui méconnaissent les autres : il faut étudier le droit romain, ne serait-ce que pour nous en débarrasser !

Et d'abord, il y a un droit romain dont il importe beaucoup de nous défaire, c'est ce droit romain déformé, mal compris, que nous ont légué parfois les glossateurs et les bartholistes.

On sait à quel point les pédants et les grammairiens ont, depuis plusieurs siècles, en vertu d'étymologies erronées ou de règles arbitraires, compliqué, faussé même l'orthographe et la syntaxe de notre langue. Il en fut de même pour le droit romain. Il importe de le dégager de cette gangue, de le débarrasser de ces matériaux étrangers qui l'encombrent et le corrompent, de ces adages prétendus romains qui, empruntant toute leur autorité au vêtement antique dont on les a affublés, ressemblent à l'âne revêtu de la peau du lion et doivent être renvoyés... à la glose. Ce discernement du vrai et du faux droit romain n'est possible qu'à ceux qui l'ont étudié. Quant aux autres, ils se font d'étranges illusions en se figurant qu'ils s'en débarrasseront en l'ignorant, car la tradition s'impose à nous à notre insu : suffit-il d'ignorer ses ancêtres pour échapper aux influences de l'atavisme ?

Aussi, quand on regarde les choses de près, on s'aperçoit que bien des juristes, des praticiens, font du droit romain sans le savoir : ce sont précisément ceux-là qui lui obéissent avec le plus de servilité et le moins d'intelligence !

Le meilleur moyen d'échapper aux influences de la tradition, dans la mesure du possible et du désirable, ce n'est pas de l'ignorer, mais de la connaître.

Même en ce qui touche le vrai droit romain, il n'est pas dit qu'on doive à tout jamais se soumettre à toutes ses conceptions; il n'est pas certain qu'on ne trouvera pas mieux, ni que les peuples, voués à une perpétuelle minorité sur le terrain du droit, doivent toujours se borner à adapter à leurs mœurs les institutions juridiques de Rome. Dans la littérature et dans les arts, nous ne sommes pas réduits à copier l'antique, nous avons notre originalité propre; nous avons su, nous saurons encore trouver de nouvelles formes du beau. Ce n'est pas une raison, à coup sûr, pour ne plus étudier les anciens, pour ne plus envoyer nos artistes à Rome : bien au contraire, cette étude est la condition préalable, la base du progrès artistique et littéraire.

Il en est de même dans la sphère juridique : *à travers* le droit romain, mais *par-dessus* et *au delà* du droit romain, c'est la devise d'un romaniste fameux (1), c'est évidemment le but que la jurisprudence moderne doit se proposer.

La méthode qui nous parait la meilleure découle naturellement de ces prémisses.

L'évolution historique du droit romain, l'étude de ce que nous avons appelé les corps simples et les principes élémentaires, l'alphabet du droit en un mot, voilà l'objet d'un premier cours.

Le second cours approfondirait les matières les plus importantes du droit privé, particulièrement celles que nos codes ont prises pour modèle et qui donnent lieu à des rapprochements instructifs. Il aurait particulièrement en vue la formation de l'esprit juridique en mettant l'élève en contact avec des textes choisis dans les écrits des grands jurisconsultes. Il ne s'agirait pas d'insister sur les difficultés exégétiques; on s'attacherait plutôt à faire ressortir, dans les modèles choisis, la rectitude et la finesse du raisonnement, le caractère pratique et profondément équitable des solutions, la manière ingénieuse de résoudre dans le sens de la justice les cas embarrassants.

Cette méthode n'a pas le mérite de la nouveauté : elle en présente un bien supérieur, celui d'avoir été consacrée par la longue expérience des Universités étrangères. C'est tout simplement la division en cours d'Institutes et cours de Pandectes des Facultés allemandes, l'un historique, l'autre dogmatique. C'est aussi le programme proposé par la Faculté de Paris, et approuvé par la plupart des Facultés de province, tant parmi celles qui acceptaient la bifurcation que parmi celles qui la repoussaient.

On peut, ce nous semble, affirmer sans craindre de se tromper

(1) Ihering, *Esprit du droit romain*, t. I, p. 15.

que cette division du droit romain en deux cours ayant un objectif différent, aurait pour partisans la grande majorité d'entre nous, et que si la liberté des méthodes nous avait été laissée, c'est celle-là qu'auraient pratiquée le plus grand nombre des professeurs.

Nous l'avons enfin, cette liberté tant souhaitée, mais elle nous coûte cher. L'enseignement du droit romain se dégage des liens qui le garrottaient, mais c'est au prix d'une amputation. Le programme officiel l'immobilisait; aujourd'hui il le mutile. Comment faire pour étudier le droit romain en dix-huit mois aux deux points de vue que nous venons de signaler, et en extraire ainsi tous les fruits précieux qu'on peut en attendre? L'un des deux sera nécessairement sacrifié.

Hier on stérilisait le champ du droit romain par des procédés de culture insensés mais obligatoires; aujourd'hui on ne donne pas à la récolte le temps de pousser, et demain comme hier c'est à la terre qu'on fera des reproches!

III

Cette réduction était-elle nécessaire, était-elle opportune?

Elle n'était pas nécessaire, à coup sûr, pour introduire dans le programme de la licence deux cours qui auraient toujours dû y figurer : celui de droit constitutionnel et celui de droit des gens, et pour fortifier ainsi l'enseignement des sciences politiques, insuffisamment représenté. Associé désormais à l'histoire du droit public français, dont il forme le complément nécessaire, le droit constitutionnel sera enseigné en première année et comblera une lacune choquante, sans réduire la part des autres enseignements. Il était aussi bien illogique de faire au droit international privé une part très large, trop large même au gré de beaucoup, et de passer sous silence le droit international public qui en constitue la base essentielle. On pouvait aisément corriger ce défaut sans rien prendre aux autres cours, en consacrant trois leçons par semaine en troisième année à l'étude du droit international *public et privé*. Sur ce développement nécessaire à donner aux sciences politiques tout le monde est d'accord; la réforme, facile à réaliser sans porter la moindre atteinte aux enseignements existants, eût été accueillie par une approbation unanime.

Cette combinaison avait encore l'avantage de donner un peu de marge au professeur de droit administratif, autrefois obligé, pour se faire comprendre, de consacrer un certain nombre de leçons à l'explication de notre organisation politique.

En outre, à côté de ces enseignements obligatoires, rien n'empêchait de maintenir, à titre de cours complémentaires, d'autres enseignements utiles qui existent déjà en plus ou moins grand nombre dans diverses Facultés. A Lyon nous en avons une dizaine qui n'ont pas besoin de la sanction des examens pour recruter un auditoire suffisant. On peut y faire une large part aux sciences dites politiques.

Par conséquent la réduction du droit romain n'était pas nécessaire.

Au point de vue de l'opportunité maintenant, comment comprendre que la France puisse exécuter, en ce qui touche le droit romain, un mouvement rétrograde, alors que chez les autres peuples, on constate au contraire une marche en avant?

C'est avec un véritable enthousiasme que l'Italie s'est jetée dans l'étude approfondie de ce droit qui est pour elle un monument national : des publications, tous les jours plus nombreuses, révèlent une activité scientifique vraiment étonnante. L'Allemagne, qui depuis Savigny a conquis en cette matière le premier rang, loin de laisser refroidir son ardeur savante à la veille de promulguer de nouveaux codes, vient de consacrer au droit romain des œuvres monumentales, qui seront à la fois le couronnement de l'édifice patiemment reconstruit par les érudits, et le point de départ d'où la science prendra un essor nouveau vers un horizon élargi.

Pour donner une idée de l'importance attribuée à l'étude du droit romain dans les Universités soumises au système allemand et pour prendre l'exemple d'un pays où ce droit est abrogé, d'un pays de code civil, nous nous résignons à donner ici le programme d'un semestre à la Faculté de droit de Strasbourg.

Sur les cent treize cours professés chaque semaine et dont nous donnons le détail en note (1), on en trouve :

(1) Nous mettons en italique les cours et conférences de droit romain; les chiffres indiquent le nombre de leçons par semaine.

Institutes et histoire du droit romain privé, 8. — *Droit de succession à Rome comme partie des Pandectes*. 4. — Droit privé allemand y compris le droit féodal, 6. — Droit public allemand, 6. — Droit civil français, 6. — Faillite et procédure de la faillite, 2. — Droit des gens, 2. — Procédure civile pratique, 2. — Procédure civile, 6. — Droit pénal, 6. — Procédure pénale, 4. — Philosophie du droit, 3. — Statistique, 3. — Colonies et politique coloniale, 1. — Économie politique et statistique (revision), 2. — *Pandectes à l'exclusion du droit de succession*, 12. — Droit commercial et de change, 6. — Droit administratif allemand, 4. — Droit ecclésiastique, 5. — Histoire du droit allemand, 6. — Économie politique, 5. — *Histoire de la procédure civile romaine*, 3. — *Droit des obligations, y compris les hypothèques, comme partie de la conférence*

38 consacrés au droit romain et à son histoire;

6 pour l'histoire du droit en dehors du droit romain;

38 pour le droit civil, commercial, pénal, la procédure civile et pénale;

2 pour le droit des gens;

15 pour le droit public, administratif, ecclésiastique;

11 pour l'économie politique et la statistique;

3 pour la philosophie du droit.

Ainsi, *plus du tiers* de l'enseignement donné dans la Faculté tout entière est consacré au droit romain et à son histoire (38 leçons sur 113).

Voilà pour l'Allemagne.

L'Angleterre, si longtemps rebelle à cette étude, obéissant aujourd'hui à la forte impulsion de Sumner Maine, commence à y apporter le tribut de sa puissante originalité, et à produire des romanistes dont les œuvres remarquables trouvent déjà des traducteurs parmi nous (1).

Ainsi, à l'étranger, le droit romain est étudié avec une faveur croissante; pourquoi prendre le contre-pied de ce mouvement scientifique?

D'ailleurs, à un autre point de vue encore, la réduction dont nous nous plaignons était fort inopportune. Si l'on a, il y a quarante ans, dédoublé les chaires de droit romain, c'est, on l'a dit expressément, parce que les travaux inspirés par la découverte des Institutes de Gaius avaient renouvelé la face de la science. Aujourd'hui, une transformation analogue s'opère. Elle n'a pas, comme la précédente, pour point de départ une découverte retentissante, et c'est pourquoi elle a pu passer presque inaperçue de ceux d'entre nous qui ne s'occupent pas spécialement du droit romain. Cette rénovation est l'œuvre de la critique historique, qui, après avoir dans d'innombrables monographies élucidé des problèmes spéciaux, arrive enfin à pouvoir généraliser ses conclusions. On peut déjà prévoir le moment où s'évanouiront pour toujours les distinctions trop subtiles par lesquelles la scolastique cherchait à concilier des textes inconciliables, distinctions qui ont malheureusement laissé trop de traces dans nos lois; tout s'éclaire

de Pandectes, 4. — *Droit de succession, comme partie de la conférence de Pandectes*, 2. — *Pratique des Pandectes*, 2. — *Revision exégétique du « Corpus juris*, 2. »

(1) *Introduction historique au droit privé de Rome*, par JAMES MUIRHEAD, professeur de droit romain à l'Université d'Édimbourg, traduit et annoté par M. BOURCARD, agrégé près la Faculté de droit de Nancy.

au flambeau de l'histoire enfin rallumé. On commence à savoir débarrasser le monument antique, œuvre des Prudents, des raccords, des stucs, des peintures dont la main puérile et maladroite des Byzantins l'avait surchargé et défiguré; il apparaît enfin dans la mâle simplicité de ses grandes lignes.

Donc, depuis une vingtaine d'années, la connaissance du droit romain a fait des progrès considérables; ils expliquent l'ardeur nouvelle avec laquelle à l'étranger on s'applique à cette étude. Chez nous aussi cette recrudescence s'est traduite au dehors par des signes sensibles. Bien plus souvent qu'autrefois la partie romaine des thèses de doctorat nous a fourni de sérieuses contributions à la science. Parfois même on constate — phénomène jadis à peu près inconnu — que le principal effort du nouveau docteur a porté sur le droit romain. Était-ce l'heure de mutiler cet enseignement?

On cherche aujourd'hui, et nous applaudissons de toutes nos forces à cette noble entreprise, à créer de grandes Universités régionales, à faire des quatre Facultés un corps où les divers enseignements se prêteront un mutuel appui.

Était-ce le moment d'affaiblir celui qui forme le lien le plus étroit entre la Faculté de droit et celle des lettres, puisque, sans parler de ses rapports avec la philosophie du droit et la morale, le droit romain fournit des lumières à l'histoire, à l'épigraphie, et par-dessus tout à la littérature latine?

Il n'est pas nécessaire d'insister sur le rôle du droit romain dans l'histoire générale, ni de montrer combien il est utile de connaître le droit privé de Rome, pour comprendre son organisation politique.

Quant à l'épigraphie, le droit romain lui emprunte et lui fournit tour à tour assistance. M. Girard a résumé récemment, ici même, les services que l'épigraphie avait rendus à la connaissance du droit romain. Mais en même temps n'a-t-il pas prouvé que la connaissance du droit romain était souvent nécessaire pour l'intelligence des inscriptions? J'ai ouï dire que Mommsen lui-même, quand il rencontre du droit dans un monument épigraphique, a toujours le soin de prendre l'avis d'un romaniste de profession. Faute de connaissances suffisantes sur le droit, des érudits de premier ordre sont exposés à commettre les erreurs les plus grossières qui déparent des livres de haute valeur.

Une portion très importante de la littérature latine est profondément imprégnée de droit et reste incompréhensible au philologue, qui en défigurera infailliblement le sens s'il n'a point des notions juridiques sérieuses. Quand on songe que pendant des siècles, tout ce qu'il y avait d'intelligence et de science à Rome a été tourné vers le droit, que tout le monde en connaissait les éléments, qu'à l'école primaire on récitait la loi des XII Tables comme un catéchisme(1), on comprend que le droit ait pénétré profondément dans la langue, qu'elle lui ait emprunté mille métaphores, que le langage usuel fourmille d'allusions juridiques.

Le droit, en effet, jouait à Rome, dans le commerce ordinaire de la vie, un rôle bien plus considérable qu'aujourd'hui. Si l'on en veut une preuve concluante, le théâtre va nous l'offrir.

S'il ne restait de notre civilisation que la littérature dramatique — on peut y joindre si l'on veut les romans — les érudits de l'avenir n'y trouveraient que des indications bien peu sûres pour reconstituer notre droit.

Nos auteurs se créent trop souvent un Code de fantaisie (2). Au contraire, le droit était si bien passé dans les mœurs, dans les habitudes, dans la conscience populaire à Rome, que nous pouvons nous fier aux renseignements fournis par Plaute ; jamais on ne l'a pris en défaut. La scène est en Grèce, mais les mœurs sont romaines. Le poète comique eût soulevé les huées du public, s'il se fût permis les fantaisies de nos auteurs modernes. Or, ses pièces sont pleines d'allusions au droit ; à chaque instant il met en scène des actes juridiques. J'ai sous les yeux un gros et beau livre que vient de publier un jurisconsulte italien, M. Emilio Costa, sur les comédies de Plaute ; ce qu'il y a de droit dans ces pièces est vraiment étonnant.

Et les plaidoyers de Cicéron, une partie de ses lettres, etc. !

Pourquoi, au jour où les Facultés se rapprochent, diminuer l'étendue de ce terrain commun sur lequel, grâce au droit romain, notre Faculté fraternisait avec celle des lettres ?

(1) « *Discebamus pueri duodecim tabulas sicut carmen necessarium,* » dit Cicéron, *De legibus*, II, 23.

(2) Notre éminent collègue, M. Moreau, l'a surabondamment montré ; qu'il me permette d'ajouter un trait. Une pièce récente nous peignait des époux divorcés, mais repentants et désireux de renouer le lien rompu. Malheureusement, d'après l'auteur, le mari « ne pouvait pas (la loi du divorce est ainsi faite) reprendre sa femme si elle ne s'était remariée elle-même et n'avait repris un autre nom. » (*Le Temps* du 21 avril 1890, compte rendu, par F. Sarcey, des *Ménages parisiens*, comédie de A. Valabrègue.) Comme les savants de l'avenir nous plaindraient d'avoir subi cette loi barbare et ridicule, qui force l'épouse divorcée à faire, au préalable, l'expérience d'un second mari, avant de pouvoir reprendre l'ancien ! — Ce qu'il y a de plus fort, c'est que la loi (celle du code) dispose précisément le contraire ; art. 295 : « Les époux divorcés ne pourront plus se réunir si l'un ou l'autre a, postérieurement au divorce, contracté un nouveau mariage, suivi d'un second divorce. »

Quels motifs impérieux ont pu décider le Conseil supérieur à cette mutilation, accomplie malgré les efforts des représentants des Facultés de droit (1) ?

Quelles raisons peuvent expliquer surtout que quelques personnes, en nombre infime parmi nous, moins rares au dehors, ne trouvant pas l'amputation assez complète, admettraient même qu'il fût réduit à un an ?

Nous avouons humblement ne pas les saisir.

Si ces raisons étaient faciles à découvrir, elles auraient sans doute frappé quelques-unes de nos Facultés. Or, pas une d'entre elles n'a admis, pour les étudiants se destinant aux carrières juridiques, la réduction du droit romain à un an (1).

En présence de cette unanimité, nous comprenons difficilement la conclusion à laquelle aboutit sur ce point M. Turgeon, dans l'article précédemment cité, où il y a d'ailleurs tant d'idées justes

(1) Par le plus grand des hasards, nos représentants actuels sont tous les deux des romanistes. Cette circonstance accidentelle n'a peut-être pas été favorable à la cause du droit romain. On a cherché en effet, et peut-être a-t-on réussi à diminuer par là l'autorité de leur avis. « Je n'ai pas besoin de dire, écrivait M. Léveillé dans le *Temps* du 20 juillet 1889, avec quelle chaleur, avec quel talent ces deux romanistes convaincus, plaidant *pro aris et focis*, ont dû soutenir, dans la section permanente, la cause du droit romain. »

(2) Nous disons « pas une ». En effet, c'est par erreur que M. Moreau, dans le travail, d'ailleurs si bien fait, qu'il a publié ici même en 1889, a attribué cette proposition à la Faculté de Grenoble (voy. p. 372). En effet, outre un cours annuel en seconde année, cette Faculté proposait en première année un cours d'histoire du droit romain et du droit français, ce qui assurait au droit romain l'équivalent de dix-huit mois d'enseignement. Une réduction plus forte aurait été en contradiction formelle avec le rapport adopté par cette Faculté (pp. 10 et 11). « Votre commission n'a pas cru possible... *de le réduire à un an. Réduit à une seule année son enseignement serait inefficace*; il est évidemment *impossible* d'exposer en un an avec les développements nécessaires et avec la clarté désirable les institutions du peuple romain... Cependant, il nous semble qu'en combinant le cours de droit romain de première année avec le cours d'histoire du droit français, on pourrait... maintenir au droit romain la place et l'étendue *qu'il doit impérieusement conserver sous peine de perdre toute son utilité*. »

Quant à la Faculté de Toulouse, elle a présenté deux projets : le premier, qui a toutes ses préférences, maintient les deux années de droit romain; le second, indiqué « à titre purement subsidiaire et pour le cas où la proposition précédente n'obtiendrait pas l'assentiment de la majorité des Écoles », le réduit à un cours annuel pour la licence, mais à la condition de créer un nouveau cours de droit romain pour le doctorat. — On sait que la majorité des Facultés a maintenu les deux ans; par conséquent, la proposition subsidiaire de Toulouse s'efface. En effet, parmi les autres Facultés, quelques-unes admettent la bifurcation avec ou sans unité de diplôme et maintiennent le cours de deux ans pour la section judiciaire; Bordeaux demande aussi deux années, mais fait le sacrifice d'une leçon sur trois en seconde année; Nancy seule réduit ce second cours à un semestre. Ainsi la réduction à dix-huit mois elle-même n'a été admise que par une Faculté.

développées avec un bonheur d'expression qui laisse le lecteur sous le charme.

Notre éminent collègue fait justice des critiques adressées au droit romain par ceux auxquels les rédacteurs de nos Codes répondaient d'avance en déclarant son étude indispensable à l'intelligence des lois nouvelles et en ajoutant : « La plupart de ceux qui censurent le droit romain avec autant d'amertume que de légèreté, blasphèment ce qu'ils ignorent. » Puis il critique avec raison la manière dont ce droit a été souvent enseigné chez nous ; c'était, nous l'avons dit, la faute du programme officiel. Enfin, après avoir affirmé qu'on doit étudier le droit romain historiquement, qu'il faut savoir distinguer les lois qui ont eu le mérite d'être appelées la raison écrite de celles qui tenaient à des institutions juridiques étrangères à nos mœurs, — toutes choses auxquelles nous applaudissons sans réserves, — M. Turgeon ajoute (p. 290) : « Réduite à ces grandes lignes, l'étude du droit romain pourrait-elle se ramener à un cours annuel ? Beaucoup le pensent et nous sommes aussi de cet avis. »

Puisque les Facultés sont unanimes en sens contraire, cela ne peut s'entendre que d'opinions individuelles. C'est à celles-là que M. Léveillé faisait allusion lorsqu'il écrivait dans le *Temps* du 20 juillet 1889 : « Je connais dans la Faculté de Paris des professeurs éminents de droit romain qui accepteraient de revenir sur ce point au système détruit en 1853, et qui n'exigeraient de tous les candidats à la licence, sans exception, qu'une seule année de droit romain. »

L'argument serait sérieux, car un professeur est toujours plutôt porté à exagérer l'importance de l'enseignement dont il est chargé ; mais il faudrait pouvoir compter ces opinions individuelles; le pluriel n'est parfois qu'une façon de parler; il serait même peut-être bon de les peser. Qu'on nous pardonne cette dernière réserve que nous allons expliquer immédiatement, et qui, bien entendu, n'enlève rien, sur d'autres points, à l'autorité de maîtres universellement appréciés. On sait que le système de recrutement de nos professeurs présente un grave défaut, auquel récemment encore on cherchait à remédier par le titulariat personnel. Dès qu'une chaire devient vacante, l'agrégé le plus ancien, sous peine d'attendre indéfiniment le titulariat, doit la demander, et l'obtient forcément, bien qu'il n'ait aucun penchant pour cet enseignement, bien que peut-être il se soit déjà fait un nom dans la science sur des parties du droit bien différentes. Cet inconvénient se fait particulièrement sentir à Paris, où l'on peut rester agrégé fort longtemps. Il peut donc arriver, et il arrive en effet, qu'une chaire de droit romain soit dévolue à un maître que ses goûts, ou l'enseignement dont il a été chargé, ont depuis longtemps entraîné d'un autre côté et qui devient ainsi romaniste malgré lui. Heureux encore si, comme notre éminent collègue M. Turgeon, il peut, tout en occupant nominativement une chaire de droit romain, continuer comme délégué dans un autre cours sa brillante carrière d'économiste, et, romaniste *in partibus* seulement, rester fidèle à ses études de prédilection. Ainsi s'explique ce phénomène singulier, qu'il ne serait pas impossible de rencontrer chez nous deux ou trois professeurs qui se résigneraient sans trop de difficulté à la suppression de leur chaire, si, par compensation, on en créait d'autres vers lesquelles leur penchant les pousse de préférence. L'argument que nous indiquions tout à l'heure perdrait évidemment sa force, si les romanistes dont on invoque l'opinion se trouvaient dans cette situation spéciale.

En tous cas, notre éminent et cher maître, M. Léveillé, ne paraît pas du tout être de leur avis; il traite de « cote mal taillée » la réduction à dix-huit mois et ajoute : « Je crains que la section permanente n'ait, sans le vouloir, compromis à la fois et la forte préparation des jurisconsultes, et la forte préparation des administrateurs. La Faculté de Paris avait sans doute proposé de réduire certains cours pour une catégorie déterminée d'élèves, la section permanente a très imprudemment étendu cette réduction à tous nos élèves sans distinction (1). »

La plupart des Facultés auraient accueilli ce projet avec faveur si l'on avait admis deux diplômes distincts. « Dans la diversité des solutions proposées, dit M. Moreau dans l'excellent travail que nous avons déjà cité (*Revue internationale de l'enseignement*, 1889, p. 359), apparaît bien nettement la condamnation du grade unique combiné avec une division des études. Les Facultés n'admettent que deux systèmes : ou deux programmes et deux diplômes, ou un seul diplôme et un seul programme. » Le système de la bifurcation avec unité de diplôme, séduisant en théorie, aboutissait en pratique à l'abandon par les étudiants de l'une des deux routes menant au même but, — et naturellement de la plus difficile. Dans tous les ordres d'enseignement, hélas ! ce que recherchent les élèves, c'est plutôt le diplôme que la science ; si on leur ouvre deux voies pour l'obtenir, ils choisiront fatalement la plus

(1) Le *Temps* du 14 octobre 1889.

aisée. La route désertée eût été nécessairement celle qui renfermait le plus de procédure, de droit criminel et surtout de droit romain. Pour ne parler que de celui-là, le droit romain, précisément à cause des qualités qui en font la valeur, présente de grandes difficultés : il exige un effort assidu ; une partie même de son utilité réside dans la nécessité de cet effort qui grave profondément les principes juridiques dans l'esprit. D'ailleurs la langue de ses textes devient de moins en moins familière à nos bacheliers, nouvelle source de difficultés. Enfin, une préparation hâtive, où la mémoire joue le principal rôle, permet plus facilement de faire illusion dans les examens portant sur les sciences politiques ou économiques. Avec le droit romain au contraire, on trouve bien plus aisément l'occasion de faire raisonner le candidat, et alors la science des manuels fond au grand soleil de l'examen comme la cire des ailes d'Icare. La seconde année de droit romain eût donc été, en fait, supprimée pour tous les étudiants ; elle eût péri d'inanition. Pour l'avenir de l'enseignement, la mutilation actuelle du droit romain est moins fâcheuse que ne l'eût été cet étranglement discret, peut-être involontaire, en tous cas certain. Au moins la situation se dessine clairement, on discerne les malentendus qu'il faut dissiper.

Il y en a plus d'un. Nous parlions tout à l'heure du régime antérieur à 1853. On a dit devant le Conseil supérieur que jusqu'à cette époque il n'y avait qu'une seule année de droit romain et que cependant les études juridiques n'étaient pas alors plus faibles qu'aujourd'hui.

Mais il faut remarquer tout d'abord que la différence entre le régime d'avant et celui d'après 1853 n'était pas aussi grande qu'on pourrait le croire à première vue.

En effet, d'une part l'ordonnance du 4 octobre 1820, article 1, n° 3, prescrivait aux étudiants de la Faculté de Paris de suivre en première année un cours d'histoire *du droit romain* et du droit français outre le cours d'Institutes qu'ils suivaient alors en seconde année. Cela faisait au moins l'équivalent de dix-huit mois de droit romain. D'un autre côté, lorsque le cours de droit romain fut placé en première année, les étudiants n'avaient à suivre qu'un seul cours par jour, ce qui permettait au professeur de le prolonger à son gré ; les règlements du commencement de ce siècle prévoyaient des leçons de deux heures et demie ; ainsi on avait de la marge. Un cours de droit romain de ce temps-là pouvait donc, comme étendue, valoir bien près de deux du nôtre. Dans ce sens on peut invoquer la réponse de ce vieux professeur d'Aix à qui, après 1853, un inspecteur général demandait quelles modifications il comptait apporter à son programme maintenant qu'il avait deux ans pour enseigner le droit romain : « Monsieur l'inspecteur général, c'est bien simple! Voici le résumé de mon cours; autrefois j'en expliquais quatorze pages par leçon. Maintenant je n'en expliquerai plus que sept. »

Mais laissons de côté ces détails. Le droit romain a reçu en 1853 un certain développement. On affirme, nous ne savons sur quels indices, que les études juridiques ne sont pas plus fortes aujourd'hui qu'avant cette extension. Si le fait était exact, rien ne serait plus décourageant pour les partisans des réformes, pour ceux qui veulent développer certains cours déjà existants et en créer de nouveaux; car, en laissant de côté l'introduction de l'économie politique, depuis 1853 on n'a pas seulement dédoublé le cours de droit romain, on a encore créé le cours de droit criminel, autrefois compris dans la chaire de procédure; on a fondé aussi celui d'histoire du droit et celui de droit international privé, sans compter plusieurs cours complémentaires portant sur le droit civil ou d'autres matières essentiellement juridiques. Des réformes multipliées ont amélioré tour à tour la scolarité et le régime des examens; des conférences facultatives ont été créées, etc. Si les études juridiques ne sont pas plus fortes aujourd'hui qu'en 1853, tout cela a donc été fait en pure perte? Quel présage pour les réformes actuelles!

Heureusement, il y a un moyen très simple de comparer la valeur des études juridiques d'avant 1853 à celle qu'elles ont aujourd'hui. Il suffit, dans une Faculté quelconque, de se faire représenter les thèses de doctorat des deux époques. Les travaux d'il y a quarante ans ne peuvent, ni comme étendue ni comme valeur, affronter la comparaison. Ces témoins-là ne peuvent se tromper.

Sans doute, même avant 1853, on a pu faire de bonnes études juridiques; mais de ce qu'il y a aujourd'hui des jurisconsultes fort distingués qui se sont formés selon le programme d'alors, il ne s'ensuit pas que les études juridiques en général fussent aussi fortes qu'aujourd'hui. Nous avons eu, sous la Révolution, sous l'Empire, sous la Restauration, toute une pléiade de jurisconsultes éminents, manifestement très bien préparés à la tâche immense de créer, d'appliquer, de commenter la législation nouvelle de la France. Faut-il en conclure que les Facultés de droit dont ils étaient les élèves fussent florissantes à la fin du XVIIIe siècle? Des travaux historiques du plus vif intérêt, trop récents pour avoir besoin d'être rappelés ici et trop probants pour laisser prise au moindre doute, montrent combien peu cette conclusion s'impose.

Au surplus, il suffit de consulter ses souvenirs pour qu'aucun doute ne puisse subsister, et il nous semble que chacun a le devoir d'apporter son témoignage, surtout lorsque le hasard l'a mis en situation de bien voir. Celui qui écrit ces lignes fut, à partir de 1863, successivement l'élève des Facultés de Rennes, de Paris, de Dijon; pour lui, il n'y a pas d'hésitation possible, les études sont aujourd'hui plus fortes qu'autrefois, les étudiants plus sérieux, les examens plus difficiles.

Comment donc, sur quels témoignages a-t-on pu dire, que les études ne sont pas plus fortes aujourd'hui qu'il y a quarante ans?

D'abord il faut faire la part des cas exceptionnels. Par un heureux concours de talents chez les maîtres, d'habitudes laborieuses chez les élèves, certaines Facultés ont pu avoir des périodes particulièrement brillantes. Heureux les étudiants que le sort en fit profiter! On comprend qu'ils vantent le temps de leurs études, l'enseignement qu'ils ont reçu.

Puis, il faut bien le dire, quand on a fait son droit avant 1853, on approche de l'âge où le poète prétend que l'on devient *laudator temporis acti*. Dans tout ordre d'enseignement, qui de nous n'a entendu dire à des hommes plus âgés : « De mon temps on ne nous apprenait pas toutes ces choses et nous n'en valions pas moins pour cela. » Il semblerait à quelques-uns que reconnaître l'infériorité de l'enseignement qu'on a reçu, ce serait se dénigrer soi-même!

En réalité, de grands progrès ont été accomplis dans nos Facultés depuis 1853, et surtout depuis 1875.

Quant au droit romain, bien des Facultés l'ont dit, on ne saurait l'amoindrir sans affaiblir l'esprit juridique. Nous savons bien que cette considération n'est pas faite pour émouvoir tout le monde. Dans certains milieux, on se défie de cet esprit juridique dont les juristes parlent toujours, dont ils font en quelque sorte un dieu avec le droit romain pour sanctuaire. Pour ceux qui ne l'ont pas examiné de près et qui n'en connaissent pas l'action bienfaisante, c'est un dieu inconnu auquel, à l'inverse des Athéniens, ils ne veulent pas sacrifier; ils s'imaginent que c'est un faux dieu, et qu'il importe d'en renverser l'autel.

Au fond, l'esprit juridique est une méthode. Établissements d'enseignement supérieur bien plus qu'écoles professionnelles, les Facultés de droit sont faites principalement pour enseigner des méthodes, car, en fait de sciences, les méthodes sont tout.

En 1880, nous avons sacrifié l'enseignement secondaire classique, c'est-à-dire la méthode, à la multiplicité des connaissances. On le comprend et on le regrette maintenant (1).

Aujourd'hui, on est en train de commettre la même faute pour l'enseignement du droit; on ne tardera pas, nous l'espérons, à la reconnaître aussi et à la réparer. Cela dépend un peu de nous. Nos ministres, nos conseils, ne demandent qu'à s'éclairer; mais le monde ne tient compte que des convictions qui s'affirment, et ce n'est pas en se taisant qu'on persuade. C'est pourquoi nous n'avons pas cru pouvoir nous soustraire au devoir d'apporter à cette œuvre notre humble contribution.

C. APPLETON,
Professeur à la Faculté de droit de Lyon.

(1) L'opinion qu'on exprime ici, nous devons le constater, est toute personnelle et, à notre avis, très contestable.

E. D.-B.

www.ingramcontent.com/pod-product-compliance
Ingram Content Group UK Ltd.
Pitfield, Milton Keynes, MK11 3LW, UK
UKHW021035180726
13838UKWH00004B/1824